¡BERRINCHES!

Michelle Aziz Kuri

Prefacio de Julia Borbolla

¡BERRINCHES!

Herramientas para una crianza emocional

Grijalbo

El papel utilizado para la impresión de este libro ha sido fabricado a partir de madera procedente de bosques y plantaciones gestionadas con los más altos estándares ambientales, garantizando una explotación de los recursos sostenible con el medio ambiente y beneficiosa para las personas.

Penguin
Random House
Grupo Editorial

¡Berrinches!
Herramientas para una crianza emocional

Primera edición: abril, 2023
Primera reimpresión: mayo, 2023

D. R. © 2023, Michelle Aziz Kuri

D. R. © 2023, derechos de edición mundiales en lengua castellana:
Penguin Random House Grupo Editorial, S. A. de C. V.
Blvd. Miguel de Cervantes Saavedra núm. 301, 1er piso,
colonia Granada, alcaldía Miguel Hidalgo, C. P. 11520,
Ciudad de México

penguinlibros.com

D. R. © 2023, Julia Borbolla, por el prefacio

ISBN: 978-607-382-824-6

Impreso en México – *Printed in Mexico*

Para mis papás, por siempre ser mi base y mi refugio seguro.
Ustedes me dieron alas, pero, más importante, me dieron raíces.

Y para ti, abelo, gracias por inculcarme el amor a los libros,
no sería como soy sin ti. Love you.

*La solución para cualquier problema de
crianza empieza con ocho palabras:
"Aquí estoy".
"Te escucho".
"¿Cómo te puedo ayudar?".
Cuando las necesidades son atendidas con
conexión, los corazones se abren a una
corrección amable, respetuosa y compasiva.*

L. R. KNOST

ÍNDICE

Parte tres. Lo más importante

Parte cuatro. Ahora sí… berrinches

Parte cinco. La caja de herramientas

PREFACIO

Por Julia Borbolla

Cuando Michelle me pidió que escribiera un prólogo para su libro sobre berrinches, acepté con gusto, aunque debo confesar que esperaba un libro sencillo, con estrategias o consejos, como hay muchos; sin embargo, quedé gratamente sorprendida al darme cuenta de que la autora nos hace recorrer un camino muy bien pensado en donde primero nos invita a reflexionar sobre nosotros mismos: los padres y madres que una vez fuimos niños y recibimos una crianza que no se parece en nada a la que necesitan los hijos de hoy, para después adentrarnos en la importancia de considerar una crianza emocional.

En este libro nos aclara muchas dudas como, por ejemplo, la idea del famoso "apego", que muchas veces interpretamos como una especie de pegamento entre padres e hijos y no como ella bien lo explica: "… *el vínculo se asocia a momentos agradables y el bienestar del bebé con mamá y papá, mientras que el apego tiene que ver con momentos desagradables…*". ¡Qué importante es saber que todos los padres generamos apegos, aunque no necesariamente sean buenos! Qué importante es conocer que los apegos seguros se refieren a satisfacer las necesidades básicas de tu bebé y no a comprarle regalos o consentirlos.

Esta lectura terminó para mí en una gran conclusión: los papás somos los que hacemos más berrinches, y no podremos controlar los de nuestros hijos mientras no sepamos auto-rregularnos. El valor de este libro radica en su mensaje honesto: tenemos que madurar como seres humanos, antes de estar listos para hacernos cargo de otros seres humanos. El trabajo es duro, y Michelle misma nos lo dice claramente cuando habla de la culpa que esto nos genera.

Usemos, pues, esa culpa real y no la falsa de la que nos habla. Retomemos el uso de nuestro criterio y nuestro sentido común y seamos valientes para triunfar en la tarea más importante de nuestra vida: trascender con éxito, criando hijos con una carga emocional que les dure aun cuando ya no estemos con ellos.

PRÓLOGO

Sí. Es cierto. Al leer este libro y al aplicarlo en tu vida te sentirás nadando a contracorriente. Pero te prometo que esta labor que empiezas a hacer con tu hijo en el largo plazo valdrá la pena. Hay que tener paciencia, porque, sin duda, no será tan sencillo intentar hacer las cosas diferentes cuando las personas de tu entorno (tus padres, tus suegros, tus cuñadas, tus amigos, tus vecinos, tus hermanos e, incluso, tu pediatra) te sugieren las mismas acciones de siempre: las de una crianza conductual tradicional, del pasado, que, en muchas ocasiones, se trata de una crianza agresiva. El camino corto será la nalgada, el grito, el castigo, la amenaza, el *time out* o el ultimátum, pero te aseguro que las consecuencias de estos actos violentos y agresivos terminarán por conducirte a ti y a tus hijos por un camino largo y espinoso que no los llevará a ningún lugar. Te prometo que existe una alternativa más allá de los castigos, las amenazas, los golpes y todo lo que nos han enseñado o hemos vivido en nuestra propia infancia.

Todo valdrá la pena cuando comiences a notar que tus hijos conocen sus emociones; poseen herramientas para regularlas; tienen seguridad y confianza en ellos y en los demás; tienen una autoimagen sana, un autoconcepto positivo y una autoestima alta; sostienen buenas relaciones; son respetuosos y empáticos; son asertivos, felices; tienen tolerancia a la frustración y son más inteligentes y aprenden mejor. Lo único que necesitas para alcanzar este final feliz que tanto anhelas son herramientas para que ustedes, como papás, educadores o cuidadores puedan criar niños saludables mental y emocionalmente. Sé que suena complicado o tal vez un poco utópico, pero te garantizo que, siguiendo las recomendaciones que vienen en este libro, llegarás a tener una mejor relación con tus hijos, serás más consciente de tu maternidad o paternidad y lograrás criarlos con empatía y respeto.

Decidí escribir este libro porque noté que en las asesorías individuales que doy a padres de familia se repetían las preguntas, los miedos, las dudas, los comportamientos infantiles y las situaciones incómodas con los niños haciendo berrinche "por todo". Por eso, quiero que los papás que lean estos capítulos se llenen de conocimientos basados en evidencias y en información confiable, para que se convenzan de que las decisiones y estrategias que tomarán con sus hijos a partir de hoy correspondan a una crianza emocional.

Quiero darte las gracias por leerme y darme la confianza de permitirme entrar en una relación tan íntima y especial como es la de un padre, madre o cuidador principal con su hijo. Este libro no tiene la intención de hacerte sentir culpable o juzgado, pero si en algún momento surge el sentimiento de culpa o de incomodidad, obsérvalo y determina de dónde viene: ¿viene de tu infancia? ¿De tu sistema de valores? ¿Está enraizado en tus creencias? Por algún motivo esa sensación apareció para generarte alguna incomodidad, así que asúmela desde la responsabilidad y no la minimices, no la ignores y mucho menos te victimices. Hoy eres un adulto capaz de responsabilizarte, de romper paradigmas, cambiar tus creencias y hacer un papel completamente diferente del que hicieron contigo.

Quiero también comentarte que, aunque el libro esté escrito en "masculino", y me refiera principalmente al hijo, esto no quiere decir que me refiero solamente al niño hombre, lo escribí así para facilitarme la escritura y a ti, la lectura. Cuando digo *niño* o *hijo* me refiero a *infante*, independientemente de su género.

Agradezco la posibilidad de darte hoy mis mejores conocimientos y herramientas para que regules conscientemente los berrinches y las emociones de tus hijos. Agradezco también poder poner un granito de arena para construir generaciones con niños con mayor conocimiento de sus emociones, con herramientas para regularlos, más asertivos, con más tolerancia a la frustración, más felices, con mejores relaciones y que se sientan seguros de sí mismos.

Mi entusiasmo y mi pasión por entender todo acerca de la teoría del apego (de la cual te hablaré más adelante) han sido la base de años de estudio en los que he descubierto todo lo que te vengo a contar en este libro que hoy tienes en tus manos. Este texto no es solo un pendiente que tenía apuntado en mi *bucket list* desde hace años, sino que es una verdadera herramienta de ayuda invaluable para papás y cuidadores de los niños. Soy la primera nieta de mi abuelo paterno, y uno de los recuerdos que más amo y atesoro de mi niñez lo incluyen a él y a los libros. Me acuerdo de cuando íbamos de paseo a la librería, con tanta claridad, que casi me puedo transportar ahí. Mi abuelo, a sus 94 años, era un devorador de libros y tenía una memoria impecable para las fechas y los hechos históricos. De él heredé mi pasión por la lectura, pasión que me condujo a la escritura. Para mí ir a la biblioteca en primaria, tomar un libro y escribir un reporte de él era lo menos parecido a un trabajo escolar. Al contrario, era puro placer. Leía tan rápido, que no solo hacía mi tarea, sino que hacía la de mi mejor amiga y le cobraba 20 pesos por reporte de libro.

Ahora que lo pienso, cobraba muy barato. Pero esa… es otra historia.

Finalmente, ¡te invito, a partir de ahora, a crear una vida emocionalmente sana para tu hijo y aplicar con él una crianza consciente!

INTRODUCCIÓN

Los niños han de tener mucha tolerancia
con los adultos.

ANTOINE DE SAINT-EXUPÉRY

¡Estaba furiosa! Entré a la cocina, abrí la puerta del refrigerador, volteé a ver la caja de cartón llena de huevos y no pude resistirme: aventé la caja entera al piso. Todos se rompieron, no quedó ni uno solo intacto. Tenía solo 7 años, pero, como si fuera ayer, aún recuerdo lo enojada que estaba. Mi mamá y mi nana, Carmen, llegaron corriendo y sus caras de asombro lo decían todo. Yo había provocado un desastre, pero no me importaba, esa era la forma en la que saqué mi enojo. Acababa de hacer un berrinche y uno muy grande.

Existen muchos eventos como ese. Creo que todos los padres recuerdan cómo sus hijos, en algún momento, hicieron un berrinche y ellos, en respuesta, les llamaron la atención a su manera, los castigaron o incluso les dieron una nalgada.

La escena que acabo de narrarte, por supuesto terminó conmigo limpiando aún más enojada el tremendo desastre en la cocina que había provocado. Como esa, tuve mil y una experiencias; yo comportándome mal y mis padres castigándome, aunque no por ello considero que mi infancia haya sido traumática. Al contrario, fue muy feliz. En mi familia somos cuatro hermanos, yo la primogénita, o como a mi papá le gusta apodarme, la "primo".

Mis padres, ambos hijos de inmigrantes libaneses, hicieron su mejor esfuerzo por criarme según lo que habían aprendido de su propia crianza. Heredaron de mis abuelos ideas muy conservadoras y exigencias muy altas ante las que tenía que medirme. Pero no los juzgo y mucho menos los critico, porque sé que todo lo que hicieron por mí y por mis hermanos lo hicieron desde el amor.

En mi casa, casi siempre todo iba de maravilla; sin embargo, mis papás, como la mayoría de los padres en esa época, nunca se preocuparon por trabajar las "emociones negativas" de mis hermanos y las mías. Aunque nos han enseñado que hay algo "malo" con las emociones negativas, en realidad debemos entenderlas como emociones, las cuales son válidas y necesarias. Mis papás siempre se caracterizaron por ver el "vaso medio lleno" y para ellos mantenerse (y mantenernos) positivos y felices era una regla importantísima. Yo, desde que nací, fui una niña simpática, risueña y amorosa, pero nací con un carácter fuerte, intenso y muchas veces explosivo. Mis papás, en su actitud positiva, buscaban evitar a toda costa mi enojo. En mi casa no había espacio para la negatividad, el enojo, la rabia o la furia. Ahora, con todo lo aprendido, cuando miro hacia atrás entiendo que, en ese momento, ellos no tuvieron todas las herramientas necesarias para lidiar con todo mi paquete emocional. Y gracias a mi infancia hoy me dedico a esto, así que *Papás, gracias por ser como son, me considero extremadamente suertuda de ser su hija.*

Mis enojos traían como respuesta, casi inmediata y aprendida, un frustrante: "¡Ya Michelle, no es para tanto!" o "Que se te resbale, no te enganches". El mensaje estaba tan implantado que incluso en alguno de mis arranques mi papá me regaló un libro de Richard Carlson llamado *Don't Sweat the Small Stuff*, que se traduce, no literalmente, en algo como "No te ahogues en un vaso de agua". Contrario al mensaje que mi papá creía que me estaba compartiendo, yo terminé por ahogar algo en ese vaso: mis emociones, principalmente mi enojo y frustración.

Me tragué todo el enojo y no encontré un espacio para expresarlo sanamente. Y es que, claro, según las creencias de mis papás, "una niña no debe enojarse", "no debe ser explosiva", "debe verse siempre linda" y "siempre estar de buenas". Y esa es una de las razones por las cuales hoy amo tanto lo que hago diariamente en mi consultorio, porque quiero ayudar a miles de niños y a sus papás a lidiar sanamente con sus emociones.

Aunque no saber qué hacer con mis emociones de niña no fue la única razón que me llevó a elegir este camino que me ha dado infinitas satisfacciones. Sin saberlo y hasta sin quererlo, desde niña mis papás me pusieron en la posición de ser la mamá de mis hermanos menores. "Te los encargamos mientras no estamos". Ese era un papel que yo disfrutaba, me sentía bien en el rol de liderazgo y, además, desde siempre sentí una especial empatía y compasión por los niños. Entonces me tomé con mucha seriedad eso de ser la "hermana mayor responsable". Y, justamente, haber ocupado esa posición en mi dinámica familiar es otra de las razones que me impulsaron a hacer lo que hago en la actualidad. Por este motivo, mi relación con los niños se dio de forma natural. Era evidente que, siendo la mayor de 16 primos, siempre fui considerada la guía y profesora. Además, desde chiquita tomé varios trabajos informales, como armar un campamento de verano en mi casa, y con los años mis primeros trabajos fueron de maestra auxiliar en preescolar. Aunque no siempre lo tuve claro porque, ignorando este instinto que traía reforzado desde mi niñez, elegí una carrera en Administración Turística en la universidad, pero me estaba alejando de mi propósito de vida, y aunque todavía era demasiado temprano para conocerlo, mi intuición me hacía saber que algo estaba mal con mi decisión. Tenía una vocecita interior que me decía: "Quiero ser *miss* de preescolar".

Decidí hacer caso a esa voz interior y me di de baja en esa carrera para inscribirme en otra más humanista que me condujera a trabajar con niños. Desde que me senté en mi primera clase de Pedagogía sentí que ahí pertenecía.

Terminé por estudiar una segunda licenciatura en Educación Preescolar y trabajé durante mi último año de carrera en un centro de habilidades sociales para niños. Ahí fue donde me di cuenta de que necesitaba saber más, principalmente sobre los niños y su desarrollo. Quería profundizar mis conocimientos sobre psicología y saber, a detalle, cómo funciona realmente el comportamiento y la mente de los pequeños. Entonces estudié una maestría en Psicoterapia psicoanalítica de niños y adolescentes.

Finalmente, todo parecía estar bien encaminado en mi vida. Abrí mi consultorio y comencé a trabajar con niños, descubriendo su mundo interno a través del juego. Pero todavía no lograba sentirme realizada profesionalmente. Sentía que mis pacientes llegaban a verme con demasiados problemas que se hubieran podido evitar, y yo quería trabajar justo en evitarlos, en una fase preventiva.

Mi duda era: ¿qué puedo hacer antes de que los niños lleguen a mi consultorio llenos de problemas, miedos y traumas, y sus papás en estado de desesperación?

Un buen día, en una sesión con mi psicoanalista, me preguntó si conocía la teoría del apego. Le contesté que no, pero con lo curiosa que soy llegué a mi casa a investigar todo sobre el tema y me cautivó.

Fue así como me encontré, por primera vez, con esta teoría y supe que mi propósito de vida estaba relacionado estrechamente con las aportaciones de John Bowlby. En 1950, la Organización Mundial de la Salud (OMS) le pidió ayuda a Bowlby, ya que se dieron cuenta de que los niños huérfanos de la Segunda Guerra Mundial tenían serios problemas en su vida al haber perdido a sus madres.

Tras analizar a niños abandonados, inadaptados y con tendencias a delinquir, el psiquiatra pudo relacionar el impacto que tiene la pérdida de los cuidadores primarios de niños en su primera infancia y sus conductas en los años posteriores. Es así como, en 1951, elaboró su teoría de la necesidad maternal, en la que explica el proceso mediante el cual el bebé desarrolla un apego con su madre, padre o cuidador principal durante sus primeros seis meses de vida. De romperse este vínculo estrecho, las consecuencias serán muy negativas en la vida de esa persona.

Para cuando terminé de entender el alcance de esta teoría, yo ya estaba más que enganchada; definitivamente había encontrado mi propósito de vida: llevar estos conocimientos a los niños y sus papás. Así que como digo, después de estudiar la teoría del apego, me dio "apeguitis".

> ❝ La tendencia de hacer vínculos emocionales sólidos es un componente básico de la naturaleza humana. ❞
>
> JOHN BOWLBY

La teoría del apego podría estar poco valorada por su nombre al ser traducida al español, ya que solemos relacionar el apego con el concepto que conocemos del budismo, el cual habla de una renuncia a las cosas materiales para evitar el sufrimiento y alcanzar la felicidad. Sin darnos cuenta, el término "apego" está codificado en nuestras mentes con una carga negativa. No pasa lo mismo con su nombre en inglés: *attachment*. La palabra *attachment* habla más de acoplamiento, adhesión o fijación, hace referencia al hecho de estar atados al otro para lograr nuestra supervivencia. Cuando empezamos a pelar las capas y a descubrir lo que propone esta teoría, es inevitable no sentirnos impactados, seas padre o no, ya que, a pesar de no tener hijos, todos tenemos una historia que trabajar con nuestro niño interior, ese que guarda, fielmente, los recuerdos de nuestros primeros años de existencia, cuando todos tuvimos apego con nuestros padres y cuidadores.

Ahora sí, ya que sabes de dónde viene mi interés por ayudarte a ti y a tu hijo a vivir una vida emocionalmente sana, aprovecho para presentarme formalmente contigo. Soy pedagoga, educadora de preescolar y psicoterapeuta de niños y adolescentes. También soy especialista en crianza, apego y berrinches, y aunque todavía no tengo hijos, me apasiona trabajar con padres, cuidadores y educadores de niños en la primera infancia. La manera en la que se comportan los niños habla tanto de su mundo interior y nos dice todo aquello que piensan y necesitan; el problema es que muchas veces sus padres no los logran comprender. Con el paso de los años he descubierto que soy como una traductora de esos pequeños y de sus grandes emociones, y estoy segura de que mi misión de vida es enseñarte a ti cómo aprender a entender el lenguaje emocional y psicológico de tus hijos.

En mi trabajo me enfoco en buscar un espacio respetuoso y empático donde tú puedas entender a tus hijos y permitirles expresar el enojo, la rabia o la frustración, y que estos sentimientos no queden reprimidos, no sean minimizados, inadvertidos o ignorados.

Prometo estar aquí contigo, llevándote de la mano para que logres entender qué hacen tus hijos, por qué lo hacen, y darte herramientas fáciles y concretas para que las utilices con ellos.

Gracias por la confianza y por estar aquí. Con que te lleves un solo aprendizaje de este libro yo ya cumplí mi misión. Y tú solo por estar aquí leyéndolo, ya eres una mejor versión de madre, padre, cuidador o educador.

Con cariño,

MICHELLE AZIZ KURI

PARTE UNO

Estilos de crianza

De la crianza conductual
a la crianza permisiva
a la crianza emocional

La infancia es la etapa más importante en el desarrollo del ser humano, ya que en ella se moldean las estructuras que darán forma al adulto en el que se convertirá, así que la crianza del niño es un factor clave para determinar su comportamiento futuro.

A lo largo de la historia, la crianza ha evolucionado desde un modelo conductual, represivo y autoritario, hasta volverse totalmente permisiva y sin reglas ni límites; por eso es muy importante contextualizar este cambio tan notorio en los estilos de crianza que existen. Quiero compartirte y definir cada modelo: el pasado y el actual, así como las investigaciones que los sustentan, para que seas capaz de visualizar el panorama completo de lo que existió y está existiendo, ya que cada uno de estos modelos cuenta con elementos distintivos, comportamientos diferentes y características particulares. Este es el punto de partida para que conozcas las opciones que hay y decidas cuál debe ser la verdadera crianza de tu hijo. Yo, por supuesto, te recomiendo aplicar la crianza emocional que te propongo en este libro.

Me imagino que tienes curiosidad por conocer a detalle todo sobre la crianza y las razones por las cuales educas a tu hijo de la forma en la que lo haces.

Me gustaría que te preguntaras:

¿Qué tipo de mamá o papá soy?

¿Quiero seguir siendo este tipo de mamá o papá?

¿Qué tipo de crianza aplico en mis hijos?

¿Con cuál de estos estilos de crianza
me identifico?

¿Cuál es el estilo de crianza
que le funciona mejor a mi hijo?

> ❝La realidad es que la crianza es un trabajo largo y difícil, uno donde la recompensa no es inmediata, el trabajo es infravalorado y los papás son tan humanos y tan vulnerables como sus hijos. ❞
>
> BENJAMIN SPOCK

1

Crianza conductual

O mejor conocida como "porque lo digo yo"

> *De dónde sacamos la loca idea, que*
> *para que un niño se porte bien, primero*
> *tenemos que hacerlo sentir mal.*
>
> JANE NELSEN

En plenas vacaciones de verano, Carolina y Mauricio estaban aburridos, así que se pusieron a jugar dentro de la casa. Reían y corrían por todos lados sin poner atención a lo que pasaba a su alrededor. Sin querer, tiraron un jarrón de cristal de la mesa y lo rompieron.

Miguel, su padre, los escuchaba desde su oficina mientras trabajaba, y cuando oyó el ruido del jarrón al romperse, salió muy molesto con el cinturón en la mano. "¡Se van en este minuto a su cuarto, niños, no los quiero volver a oír en toda la tarde!", los amenazó con el cinturón. Los niños se fueron obedientes y aterrados a su cuarto.

Conociendo a su papá, los niños no se atrevieron a salir de su habitación ni a cuestionarse por qué los había amenazado. Se quedaron ahí hasta la hora de la cena, ya que les daba pavor enfrentarse a su papá enojado. Sabían que, si lo desobedecían, las consecuencias serían peores y se llevarían un buen golpe con el cinturón, una nalgada o incluso algún castigo mayor.

Este estilo de crianza es algo que yo llamo la "crianza conductual", en la que se utilizan los golpes, las amenazas y los castigos para hacer que los niños obedezcan ciegamente, sin cuestionárselo. En esta crianza, los padres tienen un control absoluto e inflexible sobre sus hijos y sus comportamientos. Este estilo de educar viene de generaciones atrás, es decir, de nuestros padres, abuelos y antepasados.

Me gustaría que te cuestionaras: ¿cómo crees que fueron educados tus padres y tus abuelos?

Probablemente fueron criados para obedecer ciegamente a sus padres y a respetarlos, pero seguramente no lo hacían por convicción, sino por miedo a las repercusiones si no hacían lo que se les pedía.

Esta crianza es repetida de generación en generación. Hasta que alguien decide cambiar las reglas del juego. Espero que, si tú recibiste esta crianza de parte de tus padres, hoy decidas hacer las cosas diferentes con tus hijos.

En esta historia, Miguel aprendió de sus propios padres a amenazar, pegar, gritar, regañar y castigar cuando hay un comportamiento no deseado.

La importancia que le damos a la crianza es un tema reciente; ahora ya existen muchas investigaciones y especialistas en el tema, así como tips, consejos y herramientas de buenas prácticas para guiarte en esta tarea. Sin embargo, antes no era así, por lo que te quiero contar brevemente un poco la historia de la crianza.

El interés por parte de la comunidad científica en la crianza se remonta al siglo XIX, coincidiendo con la Revolución Agrícola, cuando aparecieron las estructuras de relación entre hombre, mujer e hijos, conocida como "familia preindustrial". Luego, durante la Revolución Industrial se produjeron cambios significativos y acelerados en la estructura familiar que trajeron como consecuencia ajustes en las familias, convirtiendo al niño en mano de obra barata y, por tanto, víctima de grandes explotaciones.

La crianza conductual es conocida como una forma de educación represiva que somete al niño mediante castigos físicos y manipulación mental. Bajo este tipo de educación, la opinión del niño no es considerada importante por el simple hecho de ser solo niño, así que se le cría para quedarse callado, porque "el niño es para verse, no para oírse". Se restringe muchísimo su autonomía, no lo dejan explorar y es común escuchar: "no hagas eso", "siéntate", "no hagas ruido". Esta crianza se sustenta en la estrategia "pégale para que te obedezca y para que aprenda".

Dentro de la crianza conductual, la obediencia es considerada una virtud muy apreciada entre los adultos, así que escuchar "ay, qué obediente es tu hijo", es motivo de orgullo para los papás.

El niño no tiene voz y mucho menos voto, por lo que decir algo significa recibir un castigo verbal y muchas veces hasta físico, dependiendo de la magnitud de lo que dice o hace y del estado de ánimo del padre en el momento.

Frases como: "Tú eres un niño y no sabes", "Ni se te ocurra opinar" o la famosa: "Te callas, porque lo digo yo" son muy comunes en este estilo de crianza. No existe diálogo ni comunicación con los hijos, porque no tienen derecho a decir absolutamente nada. Muchas veces los padres no conocen otra forma de actuar, ya que es la educación que recibieron ellos de sus propios padres.

Entonces, los hijos "respetan" a sus papás, y entrecomillo respetar porque no es respeto como tal; más bien los niños sienten miedo y se controlan frente a ellos, quienes se enorgullecen al creer que están recibiendo el respeto de sus hijos.

En la crianza conductual respeto = miedo

Si al niño se le ocurre desobedecer a su papá, llevarle la contraria o responderle, inmediatamente es castigado para que entienda quién manda en la casa. Según las recomendaciones de aquella época, los especialistas sugerían estos métodos que involucraban control y violencia.

Este estilo de crianza conductual surgió como resultado de la evolución de los modelos de educación.

A finales del siglo XIX los padres empezaron a interesarse por sus hijos, por su educación y en algunos casos hasta en las tareas de la casa asociadas a los niños. Ya no buscaban dominar la voluntad del niño, más bien buscaban la guía, la adaptación y la socialización. Y es aquí donde el conductismo apareció en escena para dar explicación al comportamiento humano.

En 1913 nació esta corriente dentro de la psicología que se centró en el estudio del comportamiento humano y animal. Mediante ella se obtienen respuestas a cuestiones como ¿por qué actuamos como actuamos? o ¿por qué nuestro comportamiento es de la forma en que es?

Los conductistas tienden a concebir a los seres vivos como individuos que responden a estímulos externos para ofrecer una respuesta específica. Te voy a aclarar un poco más esta idea con el ejemplo de tu mascota. Si quieres que tu perro haga pipí en un lugar específico de la casa le das galletas como recompensa cuando lo logra, y cuando no, lo regañas y haces ruido con un periódico para asustarlo. Esto hace que realice una acción concreta y específica y obtenga un premio o un castigo por ello. Esa es la respuesta ante un estímulo externo.

Perro hace pipí afuera ➡ le das un premio
Acción ➡ estímulo externo positivo

Perro hace pipí adentro ➡ le pones un castigo
Acción ➡ estímulo externo negativo

Claro, nosotros no somos animales, pero muchas de las estrategias que se han utilizado vienen de la teoría conductual y diversas investigaciones se desarrollaron en ese campo y en esa época. Los científicos empezaron a ver que las conductas estaban determinadas por estímulos externos como premios, refuerzos y castigos, más que por motivaciones internas. No se trataba de lo que pensábamos internamente, sino de factores externos que condicionaban nuestras acciones. Es decir, si recibíamos un premio, esa conducta se reforzaba, pero si recibíamos un castigo, se debilitaba. Y es allí donde el conductismo adquirió gran relevancia para explicar comportamientos humanos.

El psicólogo estadounidense John Watson, considerado uno de los primeros conductistas, formuló en 1913 la teoría científica del conductismo; en ella supuso que los seres humanos éramos como cajas negras, que no podíamos observar lo que existía dentro de nosotros porque solo lo visible era lo de fuera. Nuestra respuesta ante un estímulo era producto de algo que nos pasaba externamente.

Sus teorías estuvieron influidas por el filósofo ruso Iván Pávlov y por Skinner. Seguro te acuerdas de estos autores en tu clase de Psicología en secundaria. Pávlov empezó estudiando la saliva de los perros y se dio cuenta de algo completamente diferente a lo que estaba estudiando. Cuando los perros olían o veían su comida, salivaban (naturalmente), así que empezó a tocar una campana cada vez que les llevaba comida y los perros salivaban con la comida. Después quitó la comida, pero seguía tocando la campana y los perros igual salivaban. Ahí se percató de que los perros habían relacionado la campana con la comida, y sus conclusiones arrojaron que se puede condicionar a un animal a tener un comportamiento específico; de esa forma descubrió el condicionamiento clásico, y además estableció el esquema de estímulo-respuesta.

Después, Skinner experimentó con ratas y fue el mayor representante del conductismo, el cual definió como "el estudio experimental objetivo y natural de la conducta". Además, acuñó los términos "refuerzo positivo" y "refuerzo negativo" al darse cuenta de que, al darle a una rata un premio como refuerzo positivo, aumentaba su conducta positiva, mientras que al darle un castigo, como refuerzo negativo, la conducta negativa disminuía.

Rata conducta positiva ➡ premio ➡ aumenta su conducta

Rata conducta negativa ➡ castigo ➡ disminuye la conducta

Si se consideran las recomendaciones de las épocas pasadas, queda claro que el castigo es un elemento determinante para el desarrollo de la crianza conductual y para corregir comportamientos que se consideran inapropiados. Los papás usan tanto violencia física como psicológica, reflejada en acciones humillantes. También utilizan premios y castigos para modificar un comportamiento específico. Mucha de esta crianza se basa en hacer que el niño sienta vergüenza por su comportamiento inadecuado, con el objetivo de que no repita ese comportamiento, ya que, según sus padres, está fuera de lugar. Al final lo que buscan con estas estrategias de crianza es que el niño deje de portarse mal. Entonces, el castigo no es solo un castigo en sí mismo, tiene que ser un castigo que duela y del cual el niño se acuerde para no volver a repetir el "mal" comportamiento. De la misma manera funciona el premio, debe ser lo suficientemente atractivo para que quiera volver a repetir ese comportamiento.

> **En la crianza conductual, el mal comportamiento se corrige con castigo.**

La premisa es que el niño tiene que aceptar lo que dicen sus papás y debe respetarlos y obedecerlos por el simple hecho de que son sus papás, sin tener que darle razones.

Muchas veces somos más rígidos con nuestros hijos que con nuestros pares. Pegarle a tu esposo o esposa se considera violencia doméstica, pero pegarle a tu hijo se piensa que es una acción justificada ya que es "por su propio bien" y para que aprenda. Si tu esposo o esposa está triste, no le dices: "Ay, vete al baño y cuando te tranquilices, regresa" o "Vete, regula tus emociones y después hablamos". ¡No!, para nada reaccionas de esa forma; al contrario, respondes empáticamente y lo ayudas. El pediatra español Carlos González afirma: "Si a medianoche mi esposa se despierta llorando, me despierto y veo en qué puedo ayudarle; entonces, ¿por qué cuando mi hijo se despierta a medianoche, lo ignoro y lo dejo llorando solo?". Esta es una reflexión que quiero dejarte. No puedes pensar que tu hijo es diferente, necesita de ti tanto como tus pares (incluso más), y si se despierta a medianoche llorando o si llora durante el día es porque algo le está pasando y te necesita.

A continuación, te voy a compartir las principales características de este modelo de crianza conductual.

Características de la crianza conductual

1. *Tipos de papás*

Son papás rígidos, exigentes e intransigentes. Fijan reglas, lo que se debe hacer y la manera en que deben hacerse las cosas, sin considerar las necesidades emocionales de sus hijos. Se fijan solo en la conducta.

Podemos decir que los estilos son:

▶ *Padres autoritarios*: son los que imponen sus reglas y recurren a castigos físicos y verbales para establecer límites. Tienen muy poca empatía, poca comunicación y mucha menos comprensión, además de una alta inflexibilidad con los pensamientos de sus hijos. Pueden ser padres cuyos padres fueron autoritarios con ellos, porque "si funcionó conmigo, funciona con mi hijo". O fueron muy permisivos o laxos, por lo que "no quiero que mi hijo crezca como yo, sin estructura".

▶ *Papás tigres*: el término fue acuñado en 2011 por Amy Chua en su libro *Himno de batalla de la madre tigre,* y es el estilo de padre que se encuentra comúnmente en Asia. Son altamente demandantes, hacen uso de la fuerza y suelen insultar a sus hijos. Asumen la postura de que sus hijos les deben todo, así que tienen que ser obedientes y hacer lo que se les ordene, para que ellos se sientan orgullosos. Los componentes emocionales y sociales son dejados de lado y reemplazados por estudios o deportes, ya que lo importante es que sus hijos sean exitosos. Los papás que son *managers* de hijos artistas o deportistas usualmente encajan muy bien en este perfil.

2. Papel del adulto

Es una persona que puede ser llamada "líder", pero no lo es, porque realmente es autoritaria y aplica la dominación y el control como estrategia de educación. A este tipo de padres les gusta ser dueños de la situación y que las cosas se hagan exactamente como ellos quieren. Buscan en sus hijos la obediencia ciega.

3. Jerarquía

Los papás se muestran superiores a los hijos, porque son los adultos, pero lo hacen desde una posición de dominación hacia sus hijos. Esta es una expresión que demuestra la inferioridad de los hijos y su sumisión.

4. Disciplina y castigos

La disciplina, según esta crianza conductual, es una forma de dominar, someter y hacer que los hijos hagan lo que los padres quieren. Para lograr la disciplina en los niños, sus padres son rígidos e inflexibles con sus decisiones y utilizan la represión y el control. Son padres que quieren que sus hijos obedezcan ciegamente y la obediencia es considerada una virtud. Este método de disciplina está basado en el comportamiento y no acepta comportamientos fuera de las normas establecidas. Si el niño desobedece, recibe automáticamente un castigo y muchas veces este castigo es doloroso, violento, humillante y causa culpa.

La estrategia se fundamenta en culpabilizar y avergonzar. "¿Viste cómo le dejaste el cachete a tu abuela?, pobrecita, estuvo llorando toda la tarde", y ante estos comentarios, el niño siente culpa y vergüenza.

Dentro de esta crianza se utilizan los castigos como los conocemos: físicos, verbales, psicológicos o emocionales. Si el castigo es corporal, pueden usarse diversas formas, pero todas tienen como objetivo producir dolor. Las prácticas más comunes son: lavarle la boca con jabón al decir alguna grosería; darle nalgadas o manazos; pegarle con el cinturón o con una regla; propinar palizas, bofetadas, cachetadas, nalgadas, pellizcos; jalar el pelo o las orejas; sentar al niño en otra mesa y la famosa "chancla". Estoy segura de que la recuerdas, porque lanzarla se encuentra tan arraigada en la cultura mexicana que se toma como algo normal y hasta chistoso. Cuando es verbal se manifiesta por medio de amenazas o ultimátum, como el famoso "contar hasta tres". La violencia psicológica puede ser aún más perjudicial, porque muchas veces deja marcas más profundas que la violencia física, al ser capaz de producir humillación y vergüenza, y el niño se siente doblegado, inseguro y desconfiado. Muchos padres utilizan la estrategia de mandarlo a su cuarto o a la silla de pensar, y esto le da al niño el mensaje de que sus papás solo lo aman cuando se porta bien y no cuando se porta mal. Crecen creyendo que el amor de sus padres es algo que debe ganarse con su comportamiento, como un premio. Todos los castigos tienen una consecuencia emocional para el niño; al utilizar cualquiera de ellos, le dan al niño una sensación de no ser suficiente, de no ser amado, de que el amor de sus padres está sujeto a su comportamiento y esto deja profundas heridas en él.

Vivimos en una sociedad donde tenemos muchas creencias sobre los niños, sobre cómo deben actuar y sobre sus intenciones. Lo cierto es que estas creencias vienen de la crianza pasada y anticuada. La crianza conductual tiene un fin correctivo; es el modelo de crianza que la mayoría de nosotros hemos recibido y, por lo tanto, es la más conocida y utilizada en general, en automático. Aunque sea del pasado, continúa muy presente y es utilizada por muchas familias. Con el paso del tiempo, hemos tenido más información de investigadores y especialistas, y podemos ver en la actualidad a padres que no desean seguir replicando ese modelo y buscan otra alternativa. Y tú, al leer este libro, sé que estás en la búsqueda de otra opción para criar a tus hijos.

5. Respeto

El hijo "respeta" por miedo a sufrir las consecuencias, sobre todo si sufre castigos que le producen dolor o desconexión con sus padres. Los padres lo traducen como respeto, pero en realidad es miedo a las repercusiones físicas o psicológicas si no se comporta como mandan sus padres.

> ¿Tú quieres que tus hijos te obedezcan
> por miedo o porque entienden la razón
> de su comportamiento?

6. Comunicación

Existe poca comunicación entre padres e hijos y en algunos casos el diálogo es inexistente, porque los padres no abren canales de intercambio y, como resultado, el niño no les cuenta nada. Principalmente se da por miedo a que no lo entiendan, se enojen o lo castiguen. Además, los adultos desconocen cómo ponerse al nivel de sus hijos y mantener una conversación. No existe negociación, solo la imposición de reglas: "porque lo digo yo". Los padres se quejan de que sus hijos no les cuentan nada, pero los canales de comunicación abiertos son responsabilidad del padre, así como entablar diálogos entre ellos.

7. Objetivo

Los principales objetivos que persiguen los papás es que el niño se *porte bien y obedezca*. Esto se encuentra tan enraizado en la sociedad que cuando nace un bebé es común escuchar: "¿Cómo se porta?". Un bebé come y duerme. No podemos referirnos a un comportamiento bueno o malo a tan corta edad, porque las reglas de conducta no aplican a bebés tan chicos. Lo platicaremos en los siguientes capítulos, pero nosotros no queremos que nuestros hijos obedezcan ciegamente y no podemos esperar que se porten "bien", ya que su desarrollo no les permite actuar como adultos cuando son niños.

8. Emociones

La demostración de emociones está prohibida, principalmente aquellas que son desagradables, por lo que las emociones se:

- Minimizan
- Frenan o reprimen
- Distraen

- No son reconocidas
- No se permite descargarlas y expresarlas

Te quiero dar ejemplos sobre estas típicas reacciones que, con esta crianza, tenemos frente a las emociones de nuestros hijos:

Las minimizan diciendo "no es para tanto", como fue en mi caso. Las emociones tienen una carga, se deben sentir con la intensidad con la que vienen y se deben descargar.

Las frenan con una nalgada, un manazo o un grito. "Deja de llorar". Las emociones que se frenan y no se dejan expresar se quedan guardadas en el cuerpo.

Nos distraen para no sentirlas: "Mira, mira, allá va un avión", y el niño se voltea y "deja" de sentirlas. Al no hacernos conscientes de nuestras emociones no las vamos a conocer, no vamos a nombrarlas ni aprenderemos a regularlas.

No son reconocidas, ya que las emociones desagradables son etiquetadas como "malas" y se cree que es mejor ignorarlas para que desaparezcan. Estas son: enojo, tristeza, miedo, vulnerabilidad, frustración, ira, etcétera. Las emociones "buenas" son las que se sienten bien, las que son agradables, como enamoramiento, felicidad, sorpresa, agradecimiento, entre otras.

Te quiero poner un ejemplo de este tipo de "control" sobre las emociones de los niños: el niño se siente mal, está frustrado, pierde el control y el papá le da una nalgada. ¡OJO! Aquí no le está ayudando a expresar su frustración, sino que el niño la reprime como consecuencia de la nalgada, y puede sentirse más frustrado y guardarse la emoción.

El sufrimiento es parte natural de la gama de emociones que tenemos como seres humanos. En este estilo de crianza los padres muchas veces causan este sufrimiento y otras solamente lo amplifican. El objetivo sería que ayuden a que los niños sientan ese sufrimiento y esa sensación desagradable y que los apoyen y les den herramientas para regularlos.

9. Afecto

Las expresiones de afecto son pocas o nulas, porque ese tipo de muestras les resta autoridad o minimiza la imagen de poder que los papás quieren mostrar ante sus hijos.

Te quiero dar un ejemplo: cuando el niño hace un berrinche, la reacción del adulto es agresiva y rígida, probablemente mandándolo a su cuarto o gritándole. Si yo le digo que lo abrace, la reacción de este padre va a ser de: "No, ya que no va a entender lo que hizo mal y eso me resta autoridad". **Lo que nosotros debemos de entender es que el afecto y el vínculo con nuestros hijos NUNCA se ponen en juego**.

10. De adultos

Los hijos de este estilo de crianza crecen siendo obedientes, sin cuestionarse la vida. Son agresivos, ya que fue la manera en la que les enseñaron que se resuelven los problemas. O por el otro lado, pueden ser pasivos agresivos, ya que internalizaron que sacar la emociones estaba mal, pero las emociones salen porque salen, y no siempre de la mejor manera. Son también adultos que evitan sus emociones, no las reconocen, buscan solo las sensaciones agradables y el placer. Y las desagradables las tapan con comida, alcohol, drogas o alguna otra adicción. Y cuando tienen hijos, repiten el ciclo.

2

Crianza permisiva

O mejor conocida como "lo que tú digas"

No hay tal cosa como un padre perfecto.
Así que solo sé uno real.

SUE ATKINS

Fernanda llegó a la asesoría desbordada de angustia.

—Estoy desesperada. Necesito que me ayudes.

—Claro, dime. ¿En qué te puedo ayudar? —le dije.

—Ya no sé qué hacer con Rodri. Tiene 14 meses y por todo me hace berrinche. No obedece a nada de lo que le pido y lo peor es que todo le parece chistoso. Pierdo el control y siento que se comporta así para molestarme.

—A ver, dame un ejemplo de una situación concreta que pase cotidianamente —le contesté.

Buscando desahogarse y soltar toda la tensión que llevaba dentro, contestó:

—Todos los días es el mismo pleito. Siempre quiere agarrar los cables de la televisión. Se acerca, me voltea a ver, se los mete a la boca y los muerde. Al principio, yo muy linda le decía: "Rodri, los cables, no". Pero sigue y sigue. Como es peligroso, se los quito y me hace un enorme berrinche: grita, patalea, llora y hasta una vez se aventó hacia atrás. Me asusté, casi se pega con la esquina de la mesa. Sus berrinches pueden durar hasta 50 minutos y me vuelven loca, y llegan al punto donde termino cediendo. La verdad es que no quiero que llore; entonces le regreso el cable y se pone feliz otra vez. ¿Tú crees que me está manipulando con su berrinche para que le regrese los cables?

Como Fernanda, existen muchas mamás que se sienten de la misma manera. No saben cómo lidiar con los berrinches de sus hijos y, para que no lloren, les permiten hacer lo que ya habían dicho que no podían. Además, no les cumplen los límites para evitar que se frustren y lloren.

Contrario a lo que piensa Fernanda y muchas otras mamás, Rodri no la está manipulando, él llora porque el hecho de que le quiten los cables es frustrante. Y como es chiquito, no sabe todavía cómo lidiar con esa emoción, pero cuando ella se los regresa, Rodri se tranquiliza porque su motivo de frustración desapareció. Por un lado, Fernanda le está quitando el límite, no está siendo congruente con las reglas que ella misma impuso, y aparte lo deja vulnerable ante una situación peligrosa.

Fernanda le está quitando la oportunidad de experimentar esa frustración, reconocerla, validarla y tener herramientas para regularla. Es necesario que sienta estas pequeñas frustraciones porque lo preparan para las grandes frustraciones de la vida.

Niños como Rodri crecen sin límites, sin saber lidiar con sus emociones incómodas y sin herramientas para enfrentarse a la vida, ya que cuando se siente frustrado, su mamá hace todo lo posible para evitarle ese sentimiento y le resuelve el problema.

Este tipo de comportamiento es propio de la crianza que vemos mucho hoy en día, que es muy permisiva. Los papás son extremadamente complacientes, no imponen normas, reglas ni límites a sus hijos, y estos terminan creyendo que son libres y autónomos de hacer lo que quieran. Parece que no se hace lo que el niño quiere, pero el mundo de los papás gira en torno a sus hijos.

Muchos investigadores de la época se inclinaron hacia la corriente conductual, pero a partir de la década de 1950 entró en declive, porque la inteligencia emocional empezó a ser protagonista y es allí donde surge el cognitivismo, disciplina que estudia los procesos mentales, como la percepción, la planificación e inferir por nosotros mismos.

A partir de allí, los psicólogos iniciaron el camino para comprender la mente humana como un procesador de información, como si fuera una computadora. En la práctica, las aportaciones tanto del conductismo como del cognitivismo acabaron formando la terapia cognitivo-conductual, que es considerada una de las más importantes vertientes dentro de la psicología del siglo XX. En torno a ella se han creado muchas estrategias de crianza que se utilizan actualmente, como premios, castigos y tiempo fuera.

En 2001, Nardone, Giannotti y Rocchi escribieron en su libro *Modelos de familia* que venimos de la privacidad afectiva a la hiperprotección, e integraron esta idea con lo planteado por Eva Millet, periodista española, en su libro *Hiperpaternidad*, en el que dice que antes los niños eran como un mueble al que no se le hacía demasiado caso e incluso se le ignoraba, y ahorita los ponen en un altar, en el centro de la familia, desde donde orbitan sus padres.

Como ya te mencioné, en la crianza permisiva los papás tienden a no poner límites a sus hijos y esto es un grave error. El psicólogo Gordon Neufeld comenta que "el papá tiene que ser el alfa dentro de la relación", porque eso le da contención al niño, le proporciona seguridad y sabe que "pase lo que pase, esta persona me va a cuidar". En esta crianza vemos que los padres se posicionan debajo de sus hijos, dándoles un poder y una responsabilidad que no les corresponden.

Imagínate a un niño sintiendo que, si algo le llegara a pasar, sus progenitores no tienen la fuerza ni la capacidad de ayudarlos. ¡Es angustiante! Y el niño siente muchísima inseguridad. Por otro lado, si tienes a un papá que está presente y que toma el lugar que le corresponde en la relación, sabes que ante cualquier cosa se va a "poner las pilas" para apagar el incendio y el niño va a pensar que, pase lo que pase, "me da confianza y seguridad que esté mi papá". El papá o la mamá serán esas figuras de contención que el niño necesita, y él lo sabe. No se trata de llegar al autoritarismo, pero sí ejercer una autoridad que lo va a ayudar, proteger y comprender.

Y esto es muy importante, porque hoy lo estamos perdiendo, y lo escucho muy seguido en frases como: "Quiero ser amigo de mi hijo", "Me da miedo poner límites", "Sí le quiero poner límites, pero no sé qué límites ni cuántos ponerle", "No quiero que me odie", "No sé qué hacer" y "No sé cómo". Y frente a estos dilemas, los papás sufren angustia y se vuelven permisivos, dejando que sus hijos hagan lo que quieran con tal de que no lloren, no hagan berrinche, no se frustren ni la pasen mal. Y les dan los cables, el celular, la tableta, el dinero, el dulce, el chocolate o lo que sea que estén pidiendo a gritos. La desesperación los lleva a ceder y terminan frustrados. Es un círculo vicioso que se repite una y otra vez.

Ahorita nos está pasando que, con tanto bombardeo de información por todos lados —como Google, el pediatra, Instagram, Facebook, miles de especialistas de mil temas—, los papás dejan de confiar en ellos mismos, en su instinto y su intuición, en las herramientas que tienen y en su propia capacidad. Por eso escucho tantas veces: "¿Qué hago?" y "¿Cómo le hago?" con muchísima inseguridad.

En esta nueva crianza actual, los papás les piden opinión a sus hijos. "¿Te quieres vestir o no?", "¿Te quieres dormir o no?". ¡No, no, no! Ten presente que no hay democracia en la relación papás e hijos. Claro que puede haber acuerdos en ciertas cosas, pero no en otras. Algunas cosas son negociables y otras no.

Ahora, profundicemos en los elementos que caracterizan a la crianza permisiva para entender aún más lo que tendemos a hacer.

Características de la crianza permisiva

1. Tipos de papás

En la actualidad existen varios tipos de papás, ya no es como en la crianza pasada, que el papá siempre era autoritario y no existían otros matices.

En estos estilos de paternidad existen muy pocos límites, pero sí mucho amor; papás que resuelven todo y les aplanan el camino a sus hijos; papás que dejan mucha libertad o que los sobreprotegen. La verdad es que todos los papás (o la mayoría) que vemos hoy en día son así, ya que quieren hacer las cosas diferentes de como las hacían sus propios padres y muchas veces no tienen las herramientas necesarias para no caer en el extremo de la permisividad. OJO: todo lo que hacen los padres lo hacen por amor.

Veamos cada uno de ellos a detalle:

▶ *Papás permisivos*: la crianza es muy laxa porque les da miedo poner límites. Les permiten todo a sus hijos. Los dejan en completa libertad.

Son esos papás que dejan correr a sus hijos por todos lados, que falten al respeto y que toquen todo, sin ninguna estructura. Se borran las líneas de jerarquías, no existen límites y debemos recordar que somos papás de nuestros hijos, no sus amigos. Siempre tiene que existir una jerarquía, donde los padres se encuentran arriba de sus hijos.

Como no quieren que sus hijos les tengan rencor, pueden llegar a caer en la negligencia, el descuido o exponerlos a situaciones peligrosas al permitirles que hagan todo. Así que estos padres se van al otro extremo del espectro.

▶ *Papás helicópteros*: el término fue acuñado en 1990 por Foster Cline y Jim Fay, en su libro *Ser padres con amor y lógica,* y se debe a que, en una consulta, uno de los pacientes del doctor Cline le dijo: "Mi papá está como helicóptero arriba de mí".

Son papás controladores, perfeccionistas, que están muy enfocados en sus hijos; llevan el control total de sus vidas y los supervisan en cada momento. Literalmente, los persiguen a todos lados como si fueran helicópteros sobrevolándolos. Tienden a ser indulgentes y se meten mucho en los temas escolares, desde el preescolar e incluso hasta en la universidad.

Antes los profesores eran la voz de la razón y de autoridad dentro de la escuela, y ahorita viven sometidos porque los papás siempre hacen acusaciones como: "¿Por qué reprobaste a mi hijo?", quitándole la responsabilidad a sus hijos y culpando a los maestros.

Son una mezcla entre dos extremos. Por un lado, tienen miedo sobre el futuro de sus hijos y por eso los sobreprotegen, pero, por otro, no confían en ellos y es por eso que están encima de ellos de una manera autoritaria.

▶ *Papás aplanadores*: papás sobreprotectores que no dejan al niño equivocarse, enojarse o frustrarse. Eliminan todos los obstáculos en el camino de sus hijos para que su vida sea más fácil. Literalmente, como una aplanadora.

No los dejan equivocarse, caerse, levantarse y aprender de sus propios errores. En sus vidas no existen frustraciones ni problemas. Esto es muy peligroso, ya que cuando a sus hijos se les presente un obstáculo no van a tener las herramientas para sobrepasarlo solos. Verán una piedrita como si fuera el monte Everest.

En este caso, "sobreproteger es desproteger", tal como señala Millet en su libro *Hiperpaternidad*. Te pongo un ejemplo: imagínate que un papá le hace las tareas de preescolar a su hijo, luego las de primaria y secundaria; cuando su hijo llegue a la universidad no contará con los recursos indispensables para hacer sus tareas y necesitará de su papá.

Es importante resaltar que todos los papás hacen todo desde el amor; desde el "yo quiero lo mejor para mi hijo"; desde su propia experiencia personal, pero le están enviando el mensaje inconsciente de "tú no puedes solo", "me necesitas" y "no tienes la capacidad para hacerlo solito".

¿Te fijas cómo una acción que parece ser a favor del niño puede ser contraproducente? Aquí es muy importante no confundir la protección con la sobreprotección. Tu hijo necesita que lo protejas, pero no que lo sobreprotejas.

2. Papel del adulto

En este estilo de crianza que vemos hoy en día nos encontramos con papás que quieren ser amigos de sus hijos, así que es común verlos en redes sociales subiendo fotos etiquetadas con mensajes como: "Mi mejor amiga" en una foto con su hija de tres años.

Los papás aquí son "resolvedores" de problemas: no permiten que sus hijos tengan la creatividad o la intención de solucionarlos por ellos mismos; los padres se meten y se encargan. Esto lo hacen por impaciencia, evitar perder tiempo o por la creencia de que sus hijos no tienen la capacidad de resolver la situación por ellos mismos.

Este estilo de padres lija y aplana el camino futuro de sus hijos. Esto, en vez de ayudarlos, los perjudica, ya que no les brindan las oportunidades de enfrentarse a diferentes experiencias que les darán las herramientas que utilizarán en su vida.

Las decisiones se toman en conjunto, a veces dándole el poder de que el niño las tome. Acuérdate de que la crianza no es una democracia: los padres tienen que tomar el papel de adultos encargados de sus hijos.

3. Jerarquía

En este estilo de crianza vemos dos tipos de jerarquías: la primera, donde padres e hijos se encuentran en el mismo nivel; y la segunda, donde los hijos se localizan en un nivel arriba que sus padres.

1

2

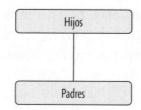

En esta crianza se está perdiendo la jerarquía. Los papás se encuentran en el mismo nivel (o abajo) que sus hijos, pero no deberían de estar así. Como ya te mencioné, los papás deben ser el alfa en la relación, esa persona que tiene autoridad; pero acuérdate de que no hablo de autoritarismo ni poder absoluto sobre el niño, sino que debe ser una figura que inspire respeto y confianza, porque de esta forma el niño se sentirá seguro. El niño debe percibir lo siguiente: "Cuando pierdo el control, esa persona adulta me va a ayudar a sentirme mejor, porque yo solito no puedo y lo necesito".

4. Disciplina y castigos

En este estilo de crianza hay poca o nula disciplina. Los padres, con el afán de no afectar a sus hijos ni hacerlos sufrir, se van al otro extremo y no les ponen ningún tipo de límite o regla a sus hijos. A los padres se les olvida que disciplinar es educar y guiar.

Puede existir una democracia entre padres e hijos en algunas decisiones negociables, pero no hay que caer en la democracia excesiva. La crianza permisiva es laxa. Todo se tolera y se justifica. Hay "reglas", y las pongo entre comillas porque no se cumplen. Tampoco existen estructura ni rutinas.

Los niños de esta crianza no reciben golpes ni castigos, lo cual me parece excelente. Lo que sí hacen es advertir que habrá consecuencias por sus acciones; pero hay que tener cuidado, ya que muchos papás disfrazan sus discursos y terminan por imponer un castigo, en vez de permitir que las consecuencias ocurran. Muchas de estas estrategias de disciplina vienen de la falta de confianza en ellos mismos como padres.

5. Respeto

Los niños no respetan a los adultos y es una consecuencia de la falta de límites y ausencia de normas claras. Tienden a gritar, lanzar objetos, retar a sus papás y amenazarlos. Al final, los papás toleran todo del niño: malos comportamientos, abusos y desastres en la casa, porque se escudan con el hecho de que es un niño.

Hace un tiempo me encontré con Marta, una amiga con la cual estudié, y me comentó que estaba trabajando en un kínder.

Me platicó que un día se quedó impactada cuando una mamá fue a dejar a su hija en el colegio; resulta que la niña estaba en pleno berrinche y le gritó a su mamá una grosería.

La mamá, muy apenada, pero justificando el comportamiento de su hija, le dijo a Marta: "Qué simpática; es la edad".

Quiero aclarar aquí que se espera que haya muchas faltas de respeto, retos por parte de los hijos y comportamientos no deseados en el desarrollo de los niños. Pero una cosa es esperarlos y otra cosa es permitirlos, sin ningún tipo de límite o consecuencia al respecto.

6. Comunicación

Dialogan y toman decisiones juntos, como si fueran iguales. Muchas veces los papás sobreexplican las cosas y las situaciones a sus hijos. Debe haber comunicación entre padres e hijos, pero aquí es excesiva, porque los tratan como amigos o, peor, como superiores al dejarlos a ellos decidir sobre las cosas, cuando todavía no tienen la madurez para hacerlo. No se nos puede olvidar que los niños son niños; hay que tener cuidado en creer que son adultos.

No hay que confundir *sobreexplicar* con *explicar*, que sí es positivo y benéfico para los niños. Igualmente, nos podemos encontrar a muchos padres que les dicen cosas no correspondientes a su edad y los ponen en un lugar que no les toca. Nos encontramos con padres que les platican a sus hijos sobre sus problemas con su pareja o amigos, asuntos que los niños no tienen la capacidad de comprender ni de ayudar a resolverlos. Hay que tener mucho cuidado en no poner a los niños en un lugar que no les corresponde, un lugar de adulto. Hay que procurar hablar con ellos de temas adecuados a su edad y a su nivel de comprensión.

7. Objetivo

El principal propósito de estos padres es que los niños tengan una buena vida, libre de complicaciones, sin sufrimiento y sin frustraciones. Esto es una fantasía utópica, ya que en la vida existen situaciones desagradables que nos causan muchas veces sufrimiento. Si las evitamos, les estamos quitando gran parte de los aprendizajes de la vida.

Otro de los resultados de este estilo de crianza es que, frente a un obstáculo, se rinden; los papás se lo resuelven y se hace como una bola de nieve. Los papás les quitan la frustración y se la siguen quitando toda la vida.

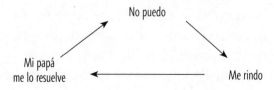

En este estilo de crianza existe una sobreabundancia de cuidados: todo es sobre el niño y la familia entera se centra en él. Las cosas se obtienen por derecho y no porque se las ganó. El niño está ubicado en un pedestal y "todos lo adoramos"; pero lo cierto es que los mensajes que recibe son: "Tú no eres capaz de hacerlo, así que lo hago por ti" y "Tú no puedes". En esta crianza, los niños son víctimas de las circunstancias de la vida. Y nada está más alejado de la realidad; los niños no son víctimas, son constructores de su propio futuro, siendo sus papás los guías y los co-constructores que necesitan para transitar el camino. Hay que permitir que se equivoquen, se caigan y se vuelvan a levantar, para que aprendan que la vida tiene obstáculos, pero también recompensas.

¡OJO! No me refiero a que nunca le vayas a resolver nada a tu hijo; me refiero a ayudarlo y apoyarlo a que logre su autonomía sin caer en resolverle todo.

8. Emociones

Los padres no toleran ver en sus hijos las emociones desagradables o incómodas, ya que les da ansias verlos sufrir. En esta crianza existen dos tendencias: "todo se vale", esto es, tener toda la libertad del mundo y permitirles sentir y hacer todo lo que les plazca, o "te evito todo", pensando en eliminarles el sufrimiento y las emociones no tan agradables.

9. Afecto

Una de las características más resaltantes en esta crianza es el afecto. Hay muchas manifestaciones de cariño y amor, lo cual me parece increíble. Pero que no se nos olvide que los límites también son amor. Estos padres suelen caer en el exceso de afecto que, combinado con la falta de límites, puede ser perjudicial en un futuro para los niños.

Siempre debe existir una estructura porque, de lo contrario, los niños se sienten desamparados, sin guía, sin contención y sin una persona que los ayudará cuando más la necesiten.

Hay que encontrar el equilibrio entre límites con autoridad y firmeza y amor, empatía y comprensión.

10. De adultos

Acerca de esto, recuerdo cuando una de mis primas chicas iba a entrar a la universidad y, durante una conversación, mi tía me dijo:

—Tengo que ir a la plática introductoria de la universidad de tu prima.

Su comentario me llamó la atención, porque en ese entonces mi prima tenía 19 años. Resulta que a los padres les dan una plática introductoria sobre la carrera que van a estudiar sus hijos, sobre el funcionamiento de la universidad, el currículo, las materias y les dan indicaciones de cómo checar las calificaciones en el sistema.

Esta es una clara evidencia de cómo ha evolucionado la crianza y cómo el sistema educativo involucra a los papás hasta en la universidad. Cuando yo estudié, mis papás solo fueron a la universidad para mi graduación, nunca vieron mis calificaciones, a menos que yo se las diera, y mucho menos tenían acceso a mi cuenta de la escuela para revisar cómo iba en las materias. Existía una confianza en mí como adulta.

La verdad es que considero que a los 19 años ya eres una persona responsable y si repruebas tendrás tus consecuencias, pero como padres no vamos a estar revisando calificaciones cada bimestre, como se hacía en etapas escolares anteriores; pero es lo que estamos encontrando en la actualidad.

Los niños de esta crianza son esos adolescentes que entran a la universidad y no saben asumir responsabilidades; conservan un poco de infantilismo, debido a que siguen siendo inmaduros. Y cuando crecen se convierten en adultos frágiles, incapaces de enfrentar situaciones por ellos mismos. Igualmente crecen sin tener tolerancia a la frustración, ya que nunca les permitieron sentirse desilusionados y tener las herramientas para sobrellevarla.

También son adultos que se creen merecedores de todo. En inglés existe una palabra que describe perfectamente esto: *entitled*. Son niños que se sienten dueños del mundo, ya que sus padres les hicieron creer que son los reyes y que nada ni nadie se los merece. Esto causa que nunca estén satisfechos con la vida y con lo que ella les ofrece.

El peligro de esto es que pueden caer en ser víctimas y nunca responsabilizarse de lo que les corresponde. Esto se debe a que sus padres siempre culparon a los demás y no hicieron responsables a sus hijos de sus propias acciones. Crecieron creyendo "es que la culpa es de la maestra que me reprobó", o "es que la culpa es del policía que multó". Tenemos que criar una generación de adultos responsables de sus acciones y consecuencias.

Esto es lo que pasa en la crianza permisiva:

Obstáculo ➡ papá lo quita ➡ niño crece sin herramientas

**Obstáculo ➡ niño se cae ➡ papá lo levanta
➡ niño no sabe levantarse solo**

3

Crianza emocional

O mejor conocida como "te explico, te ayudo y te acompaño"

Es más fácil construir niños fuertes
que reparar hombres rotos.

FREDERICK DOUGLASS

Nathalie estaba con su hijo Eduardo, jugando a construir una torre de bloques. Colocaron uno a uno los bloques, uno encima del otro, y la torre se fue haciendo cada vez más alta, hasta el punto en el que se desequilibró y se cayó.

Eduardo empezó a llorar desconsoladamente y Nathalie le dijo:

—No llores. No es para tanto. Ven, vamos a arreglarlo en un segundo —y empezó a construir nuevamente la torre.

Eduardo siguió en llanto. Nathalie perdió el control, se desesperó y le gritó:

—¡Llora por cosas más importantes! Esto se puede arreglar.

Obviamente, el grito de su mamá causó que Eduardo llorara aún más.

Veamos qué pasó aquí.

Nathalie acostumbraba a solucionar todos los problemas y llorar solo cuando era necesario y realmente importante; perdió la paciencia cuando Eduardo lloró por algo que no le pareció crucial.

Para explicar este punto quiero platicarte que hay unas neuronas en nuestro cerebro llamadas las *neuronas espejo.* Estas, como su nombre lo dice, son neuronas que espejean las emociones y el comportamiento del otro. Funcionan literalmente como un espejo. Ejemplifico. Si yo escucho a mi prima riéndose, me río, porque me contagia su risa. Si veo a alguien bostezando, bostezo por imitación. O si voy a un funeral y veo a personas llorando, salgo de ahí triste. Esto significa que mis neuronas espejo se conectan con los gestos, las expresiones y las emociones del otro y las replican en mi cuerpo. Entonces las neuronas espejo del cerebro de Nathalie detectaron la tristeza y frustración en el cerebro de Eduardo y, al sentir sus propias emociones, quiso salirse de ahí y sacarlo a él, así que hizo todo lo posible para que dejara de llorar.

Desde hace muchos años la psicología cognitivo-conductual tomó mucha fuerza dentro de las técnicas de crianza, y hemos estado acostumbrados a aplicar una crianza conductual que se enfoca en premiar o castigar las conductas.

Te propongo que derrumbemos estas estrategias y empecemos a criar a nuestros hijos enfocándonos principalmente en sus emociones. Para formar adultos inteligentes emocionalmente debemos fomentar la educación emocional desde el nacimiento. Esta es la regla y es el objetivo que quiero enseñarte. Quiero mostrarte el maravilloso mundo que existe detrás de la crianza emocional.

En la actualidad está muy de moda que las empresas busquen profesionales para dar cursos de inteligencia emocional, pero la verdad es que un adulto no puede tener inteligencia emocional si nunca recibió una crianza emocional ni fue educado en las emociones.

Nathalie, como muchos otros papás, debe hacerse consciente de sus propias emociones y de su propia incapacidad para verlas, darles un espacio y regularlas asertivamente. Solo así podrá entender las emociones de sus hijos y podrá ayudarlos a regularlas.

Y es aquí donde tú cómo mamá, papá o cuidador debes contar con herramientas y estrategias para poder lograr una crianza emocional con tu hijo. Y como dice el pediatra Donald Winnicott: "No necesitamos ser padres perfectos, necesitamos ser padres suficientemente buenos".

La crianza que te propongo en este libro busca mejorar las relaciones de los adultos con los niños. Es una crianza humanizada, que incluye buenos tratos, respeto, empatía, conexión, contención, protección, firmeza y autoridad. Considera a los niños como constructores de su propio desarrollo y a los adultos como guías y co-constructores que les ayudan a alcanzar su máximo potencial, teniendo plena consciencia y aceptación de las necesidades de sus hijos.

Parte de la crianza conductual, como ya lo comenté anteriormente, incluía golpes y castigos físicos como métodos de aprendizaje y control.

Justamente, en diciembre de 2020, la Cámara de Diputados de México pasó la "Ley Antichancla", que expresa la prohibición de violencia, castigos corporales y humillantes para corregir o disciplinar a niños, niñas y adolescentes, por parte cualquier adulto. Es un gran logro porque no solamente los protege de maltrato físico, sino también de castigos humillantes, como tratos ofensivos, denigrantes, estigmatizantes, de menosprecio, o que desvaloricen y ridiculicen.

Al igual que en la crianza conductual y en la permisiva, la crianza emocional contiene una serie de características:

1. Tipos de papás de la crianza emocional

Estos papás tienen una relación muy afectiva, pero al mismo tiempo son figuras de autoridad frente a sus hijos. Es un punto medio de balance, donde no hay extremos por ningún lado, ya que los padres asumen su rol como cuidadores que guían a sus hijos en su desarrollo, mientras los hijos asumen sus propias responsabilidades y consecuencias.

Los papás de esta crianza tienen las siguientes características:

Alfas: el fin último de los padres es ser el líder de sus hijos. Los niños necesitan saber y sentir que sus padres toman un lugar de mayor jerarquía, un lugar desde donde los guían, protegen, cuidan, proveen y contienen. Nuestros hijos precisan primero ser dependientes para después ser independientes. Los padres alfas le dan el mensaje a su hijo que, pase lo que pase, lo ayudarán, protegerán y orientarán, y él puede sentirse en confianza y soltarse con ellos. Tus hijos no son tus amigos, ellos necesitan que tomes control y actúes como padre responsable que está a cargo.

Amortiguadores: no les quitan las frustraciones a sus hijos, sino que actúan como un amortiguador para que los golpes de la vida no les lleguen directamente y no sean muy duros. Y la forma en la que lo hacen es apoyándolos, no resolviéndoles y haciéndoles las cosas, pero tampoco dejándolos totalmente desamparados.

> **Los papás son amortiguadores del dolor de sus hijos.**

Asertivos: son papás respetuosos, empáticos, enfocados en la crianza emocional y conectados con sus propias emociones. Son equilibrados, no caen ni en la permisividad ni en el autoritarismo. Establecen límites firmes y amorosos. Ponen consecuencias, nunca castigos. Jamás usan el castigo físico ni psicológico ni condicionan su amor por el comportamiento de sus hijos.

No son extremistas: la crianza no es blanco ni negro, no existen extremos, sino un punto medio, donde la mamá y el papá buscan un equilibrio, oscilan entre la autoridad y la flexibilidad. Tienen autoridad sin llegar al autoritarismo; les ponen a sus hijos límites firmes, pero con amor. Son amorosos, afectuosos y cariñosos con sus hijos.

Son papás más conscientes del tipo de crianza que quieren para sus hijos.

Se cuidan a sí mismos: para poder estar bien con el otro, primero tenemos que estar bien con nosotros mismos, y esto se logra con el autocuidado personal. Al cuidarse, van a ser más pacientes y menos reactivos a los comportamientos y acciones de sus hijos.

Conectados con sus hijos emocionalmente: son padres que saben conectarse emocionalmente con sus hijos y cargarles su batería. Tienen un vínculo afectivo sano y un apego seguro.

Informados: son padres que investigan, toman cursos y se informan sobre todos los aspectos de la crianza y desarrollo de sus hijos. Buscan fuentes confiables y expertos para asesorarse. Cuando tienen dudas se acercan a un especialista para que los guíe, pero no exageran y confían en su propio instinto.

Emocionalmente disponibles: uno de los principios rectores de los padres de la crianza emocional es que deben estar disponibles, pero no solo físicamente, sino también emocionalmente, lo cual es más importante para un niño.

Son una base y un refugio seguro: sus hijos saben que pueden acercarse a ellos cuando los necesitan, que van a contenerlos y ser un soporte y van a ayudarlos en lo que necesiten.

2. Papel del adulto

El adulto en esta crianza es una guía y un orientador para su hijo. Su papel es ayudarlo a prosperar de la mejor manera, alcanzando las fases adecuadas de su desarrollo. También es el acompañante de la vida de su hijo; es aquel que con su experiencia y capacidades fomenta que su hijo logre autonomía, independencia, seguridad y confianza.

Es el encargado de traducirle el mundo al niño, tanto el interno —de sus sensaciones y emociones— como externo y su funcionamiento.

Los padres son los únicos traductores del mundo y son los encargados de explicarles qué está pasando fuera y dentro de ellos. Uno de sus papeles más importantes es interpretar sus sensaciones y emociones: sus necesidades fisiológicas como hambre, sueño o dolor, y sus necesidades emocionales como enojo, frustración, tristeza o celos.

Muchas decisiones pueden tomarse en conjunto y dialogar sobre ellas, pero es muy importante saber cuáles sí y cuáles no. En las que no, hay que establecer límites, ya que hay algunas que deben tomar los padres, porque los niños no logran todavía ese nivel de madurez para poder decidir.

3. Jerarquía

Mamá y papá son el alfa en la relación, un líder que establece límites, pero siempre con amor; los niños necesitan que exista una persona a su lado con el dominio suficiente para poder cuidarlo, proporcionarle tranquilidad, confianza y seguridad. Es como cuando te subes a un avión: sabes que el piloto te va a llevar al destino a salvo, porque tiene la experiencia y el control. Lo mismo aplica para los papás que deben establecer la jerarquía en el núcleo familiar.

4. Disciplina y castigos

La disciplina es igual a enseñanza. No es "porque lo digo yo"; el objetivo es ayudar, apoyar, cooperar y anticiparse. Esta crianza está basada en las emociones del niño, en reconocerlas, validarlas, permitir que las experimenten y expresen, y ayudarlos a distinguirlas y regularlas.

Existe mucho diálogo y se platica, pero los padres tienen la última palabra. Se dan opciones, pero estas son controladas y preseleccionadas por los padres, así como aptas para su nivel de desarrollo.

Los padres dentro de la crianza emocional, en vez de castigarlos, les hacen entender a sus hijos que cada acción tiene una consecuencia, ya sea positiva o negativa. Si empiezas a aplicar consecuencias desde que tu bebé es chiquito, empezará a responsabilizarse por cada uno de sus actos y no tomará el papel de víctima. Después profundizaré en este tema para que te quede más claro.

5. Respeto

Existe respeto y los niños entienden por qué están respetando a sus padres. Los padres son respetuosos con sus hijos, con sus tiempos, sus reacciones, sus emociones y sus deseos. El respeto se lo ganan, no lo fuerzan. Para que un niño sea respetuoso, primero debe sentirse respetado. Aquí el respeto es mutuo, no solamente del niño hacia el padre.

6. Comunicación

Los canales de comunicación están abiertos y los papás son los responsables de garantizar esa comunicación con sus hijos. Checa en qué momentos puedes acercarte a tu hijo y platicar con él. Procura ser un poco más creativo y no hacerle preguntas que tengan una respuesta monosilábica, por ejemplo: "¿Cómo te fue?", ya que la respuesta normalmente es "bien". Recomiendo hacerles preguntas como: "¿Cuál fue tu parte favorita del día?', "¿Con quién jugaste hoy?" o "¿Qué aprendiste?".

Debemos crear canales de comunicación desde la primera infancia para que los niños, cuando crezcan, puedan platicarnos lo que sea y nos tengan confianza. Hay que aprovechar esta etapa, cuando los padres son muy importantes para los niños y la comunicación es más fluida.

La comunicación se da si existe confianza en los padres, así que procura que así sea.

7. Objetivo

El objetivo primordial de esta crianza es que los niños se sientan seguros, apoyados, contenidos, validados, en confianza, con la batería llena y con estrategias y herramientas para enfrentar la vida y sus circunstancias.

Asimismo, el propósito es formar un apego seguro con sus padres, en el que haya una relación de comprensión, comunicación, apoyo emocional, espacio para las emociones y cargado de batería.

8. Emociones

Las emociones se sienten, son válidas, se nombran y se expresan asertivamente, incluso las incómodas. No debemos llamarlas "negativas" porque no lo son. Es incómodo sentir envidia, tristeza, miedo, frustración o enojo, pero son emociones que, aunque no nos gusten, se deben experimentar. Lo que no se vale es reaccionar negativamente a ellas, por ejemplo, que el niño lastime a alguien, se lesione o rompa cosas.

> **Se vale sentir todas las emociones, lo que no se vale es reaccionar negativamente a ellas.**

Los padres que conocen el nombre de las emociones saben diferenciar entre una y otra, y se las enseñan a sus hijos. Entienden las emociones de sus hijos, las validan y permiten que las expresen. El "no, no, no, ya no llores, no es para tanto" de la crianza conductual quedó muy atrás. Son empáticos con ellos y con sus emociones, incluso las desagradables, y les dan un espacio para expresarlas y descargarlas. Por ejemplo, si un niño se siente triste porque su mejor amigo dejó de serlo, los papás no hacen un drama de la situación ni lo minimizan; al contrario, lo apoyan y les proporcionan herramientas para que entienda cómo lidiar con ese sufrimiento y esa situación.

Son conscientes y sensibles a las emociones de sus hijos; les enseñan cómo identificarlas y los ayudan con sus necesidades. Los padres se dan cuenta y entienden cuándo "necesita esto", "está teniendo un mal día", "está viviendo cambios con la maestra" o "tiene un nuevo hermanito".

Los papás ayudan a sus hijos a "amortiguar" el sufrimiento que sienten por estas emociones intensas y desagradables. No les quitan el dolor; más bien los apoyan dándoles herramientas, contención y apapacho.

En general, propician un espacio seguro, en donde los hijos pueden expresar sus emociones, por más desagradables que sean. Tienen que enviarles el mensaje de que, se porten bien, mal o peor, siempre van a estar ahí para ellos, ayudándolos a sentirse mejor, a regular sus emociones y a controlar sus impulsos.

9. Afecto

Hay muchísimo afecto, amor, apapachos y cariño. En esta crianza, los niños crecen seguros de sí mismos, confiados, felices, con buenas relaciones, responsables, empáticos, respetuosos y en contacto con sus emociones. Sus padres no les limitan el afecto y mucho menos se los condicionan.

> **Hay mucho amor, pero siempre con límites.**

10. De adultos

Los hijos que han recibido una crianza emocional son adultos seguros de sí mismos, confiados, responsables, empáticos, felices, con herramientas para lidiar con la vida diaria, respetuosos, con buenas relaciones y en contacto con sus emociones.

Aplicar la crianza emocional tiene muchas ventajas a corto, mediano y largo plazo, entre las que destacan:

1. Generan confianza en nosotros y con el tiempo esta confianza la adoptan para ellos mismos. Acuérdate de que eres el referente en el mundo de tu hijo. Todo lo que recibe de ti, lo absorbe y se volverá parte de él.
2. Siente seguridad contigo. La seguridad que le proporcionas, a la larga la internalizará y se sentirá seguro consigo mismo, con los demás y con el mundo.
3. Se siente apoyado y contenido por ti. Eres la base segura de la cual se puede alejar para explorar y luego regresar cuando lo necesite, sabiendo que eres su refugio seguro.
4. Le enseñas herramientas y estrategias que puede utilizar en el momento de su enojo, frustración, tristeza o cualquier otra emoción.
5. Aprende a autorregular sus emociones de una manera asertiva.
6. Su estrés se reduce.
7. Siente bienestar emocional y físico.
8. Tiene herramientas para descargar sus emociones desagradables.

PARTE DOS
Desarrollo del niño

Entiéndelo para que puedas ser su traductor

4

Desarrollo del cerebro

El periodo más importante de la vida
no es el de los años de universidad,
sino el periodo que va desde el nacimiento
hasta los seis años.

MARÍA MONTESSORI

María acaba de nacer. Laura, su mamá, está cansada, pero muy contenta por el nacimiento de su bebé. Desde un principio ha estado muy pendiente de su hija y de todas sus necesidades. Cada vez que María llora por hambre, que es varias veces al día, Laura le dice: "Bebé, es que tienes hambre", "Qué rápido te volvió a dar hambre" o "¡Tienes hambre! Espérame, ahorita te doy de comer". Al principio, María no tiene mucha idea de qué es ese malestar que siente en su interior, solo sabe que es una incomodidad y, mágicamente, después experimenta bienestar. Ella no sabe que Laura está atendiendo sus necesidades, corriendo para darle de comer cada vez que tiene hambre. María poco a poco irá entendiendo que ese malestar se llama "hambre" y que su mamá es la que le da de comer. Esto lo logra primero por su desarrollo cerebral y segundo porque Laura siempre le repitió la palabra *hambre* cuando ella sentía ese hoyo en la panza. Laura, sin darse cuenta, le estaba dando lecciones a María sobre su sensación corporal.

Son muchos los cambios por los que pasa tu bebé desde el momento de su nacimiento; el punto es entender por qué actúa así y cómo, desde tu papel de mamá o papá, le puedes ayudar en cada una de sus etapas para alcanzar un desarrollo óptimo cerebral, psicológico y emocional.

Te voy a explicar cómo funciona el cerebro de tu hijo con el objetivo de que entiendas por qué hace lo que hace.

DESARROLLO EMOCIONAL Y PSICOLÓGICO

Como parte del proceso natural de desarrollo, tu hijo crece físicamente, pero también lo hace emocional y psicológicamente. Este desarrollo nos explica lo que sucede en el niño, cómo empieza a relacionarse y convertirse en un ser emocional y social.

Desde su nacimiento, empiezan a desarrollar su identidad y su autoestima, y se construye su seguridad y confianza en el mundo. Esto lo hace a partir de su entorno y, muy específicamente, por las interacciones con sus padres y cuidadores.

Al principio solo es capaz de responder a malestares que necesita que le sean resueltos; no identifica las emociones, solo tiene sensaciones corporales, como en el ejemplo de María.

Y es aquí donde mamá, papá y cuidador principal tienen un papel fundamental, ya que son los responsables de enseñarle a conocer sus sensaciones internas y las situaciones externas. Como Laura, que le reveló que esa sensación de malestar se llamaba hambre. También son los responsables de ayudarlo a reconocer sus emociones y cómo manejarse, expresarse y controlarse.

María, ya de tres años, sabe perfectamente distinguir la sensación de hambre y puede pedirle a su mamá que le dé de comer; para ella es fácil reconocerla, ya que se instaló en su cerebro desde su nacimiento.

¿Te imaginas que hiciéramos lo mismo con las emociones?

El niño va tomando consciencia de su mundo a medida que se desarrolla biológicamente y se relaciona con las personas a su alrededor. Como padre, es fundamental que conozcas cada una de las etapas de desarrollo de tu hijo.

Etapas de desarrollo

Recién nacidos. Al nacer, un bebé descubre un mundo nuevo fuera del vientre materno, pero se sigue percibiendo como una persona unida a mamá. No ha detectado que son personas diferentes. Las primeras sensaciones desagradables en él, como hambre o sueño, activan su sistema de alerta y de supervivencia, y usa su llanto como alarma para llamar la atención de sus padres.

A los dos meses. A esta edad se van con desconocidos sin problema, pero cuando están sus cuidadores principales se emocionan, se les ilumina la cara y relajan su cuerpo. En esta etapa surge lo que llamamos la "sonrisa social", en la que se manifiesta la sonrisa como respuesta al estímulo de otras personas. También es capaz de sobresaltarse frente a sonidos inesperados y fuertes.

A los cuatro y cinco meses. Se interesa por los objetos a su alrededor y se sorprende. Usa a su mamá como base segura para explorar con la mirada su entorno.

A los seis meses. El bebé manifiesta conductas muy especiales solo con sus cuidadores principales. Empieza a ser descortés con el extraño; no se asusta, pero prefiere no irse con él. En esta etapa podemos ver cómo expresa alegría y se ríe.

A los ocho meses. Comienza a sentir ansiedad de separación de sus cuidadores, conocida coloquialmente como "mamitis" o "papitis". En esta fase le da miedo el extraño y, cuando sus seres queridos se van, nada le asegura que van a regresar. La angustia que sienten es verdadera; en el cerebro se encienden las mismas áreas que si tuviera dolor físico.

Al año. Entra en una etapa de ambivalencia donde sigue siendo niño chiquito, pero ya se siente independiente. En esta edad usa como base segura a sus padres para explorar el ambiente y regresa a ellos como refugio seguro. También empieza a reconocer, asocia nombres y sonidos con personas y cosas.

A los dos años. Puede imitar emociones. Explora su entorno y empieza a volverse más autónomo.

A los tres años. Es capaz de entablar relaciones emocionales con sus pares y se percata de su círculo afectivo. Si está en una guardería comienza a acatar normas sociales. Empieza a jugar con el otro y a tener juegos en común. Es más social con sus pares.

A los cuatro años. Comprende su entorno y expresa sus sentimientos mediante la comunicación. Desarrolla consciencia emocional. A partir de esta edad empieza a afinar su capacidad de leer la mente del otro. Esto significa que es capaz de reconocer las emociones de los demás y puede inferir sobre ellas.

Desde los seis años. Desarrolla emociones más complejas en función de cómo aumentan sus relaciones con sus pares. Identifica el rechazo, las críticas y las injusticias. Entiende mucho mejor las emociones de las otras personas.

Es importante que, como padre, identifiques las emociones y la forma en que actúa tu hijo en cada una de sus etapas.

SU DESARROLLO CEREBRAL

Comprender lo que sucede en el cerebro de tu hijo en sus primeros años de vida es fundamental para que lo entiendas a él.

Me he dado cuenta de que cuando les explico a los papás que no es que su hijo no quiera obedecer sino que su cerebro literalmente no puede responder debido a su inmadurez, les da mucha más tranquilidad y su preocupación disminuye. Son muchas las cosas que suceden en las primeras etapas de su desarrollo que determinan su comportamiento, y es muy importante que las conozcas y entiendas por qué actúa de la forma en que lo hace.

Nacemos con un desarrollo cerebral de entre 23 y 25%. Hay un mito que dice que solo utilizamos 10% de nuestra capacidad, pero es completamente falso. Cuando llegamos a la adultez usamos el cien por ciento de nuestra función cerebral. Pero esta madurez la alcanzamos hasta cumplir los 25 años aproximadamente.

El doctor Harvey Karp describe en el libro *El bebé más feliz* su "teoría del cuarto trimestre", la cual proclama que el embarazo debería durar 12 meses, es decir, cuatro trimestres. ¡Imagínate que el embarazo durara un año! Afirma que nacemos tres meses antes de lo que deberíamos, porque al nacer nuestro cerebro está todavía muy inmaduro y solo estamos preparados para avisarle al otro de nuestras necesidades y así sobrevivir. Un bebé recién nacido puede respirar, succionar y deglutir, pero escasamente cuenta con reflejos que le ayuden a desenvolverse en su entorno. Como seres vivos, somos la única especie completamente dependiente de nuestros padres. Explica que el recién nacido tiene una inmadurez fisiológica que causa problemas de cólicos y trastornos del sueño.

Su análisis es ideal para el correcto desarrollo del cerebro, pero concluyó que, si las madres tuviéramos 12 meses de gestación, el cerebro del niño crecería tanto que no podría pasar por el canal de parto; esto haría que tanto mamá como bebe murieran y, por lo tanto, la especie humana desaparecería. Entonces, para garantizar la evolución de los seres humanos, nacemos más inmaduros, con un cerebro más pequeño y menos desarrollado.

Recién nacidos somos completamente dependientes de nuestros cuidadores. Este primer trimestre de vida es el más complicado para el recién nacido y, en general, para la maternidad. La madre se está adaptando al nuevo bebé mientras pasa por el posparto, y el bebé, al mundo. Justo cuando nace un bebé, la mamá siente incertidumbre, ansiedad y miedo; aparte, súmale la falta de sueño y la angustia de no saber qué hacer en muchas situaciones.

Instintivamente, para cuidar de su bebé, la madre se deja a un lado a ella misma y pone al bebé como prioridad, se enfoca completamente en él y muchas veces no come ni duerme bien por atenderlo. Lo primordial será que, una vez que este primer trimestre de maternidad concluya, ella logre regresar a ella misma para poder cuidarse.

Poco a poco, el cerebro del niño va madurando más y más hasta alcanzar su máxima capacidad en la adultez.

Áreas del cerebro

Como este libro se trata de berrinches, quiero empezar platicándote qué pasa en su cerebro durante un berrinche. Y para explicarte esto tengo que poner énfasis en dos áreas muy importantes del cerebro: cerebro emocional y cerebro racional.

Todo el cerebro es muy importante, pero para hablar de berrinches solo me enfocaré en estas dos:

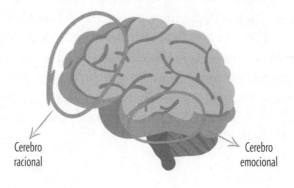

Cerebro racional

Cerebro emocional

Cerebro emocional

¿Te acuerdas de que te platiqué que el niño nace con un cerebro inmaduro, con solo aproximadamente 23% de su cerebro desarrollado?

Esto es suficiente para que el cerebro le avise al otro que lo necesita y así asegurar su supervivencia. La principal función del cerebro es justo garantizar que nos mantendremos vivos.

Nuestro cerebro, desde la época de la prehistoria, está cableado para que logremos sobrevivir. Si un cavernícola hubiera entrado a una cueva y viera una serpiente, su primer impulso sería correr, no agarrarla, porque lo mordería y moriría. Pero imagínate que esta serpiente en verdad no es una serpiente, sino una cuerda. Nuestro cerebro, por protegernos, ve el peor escenario posible, es decir, una serpiente cuando en verdad es otra cosa. Si nuestro cerebro tendiera a ver lo positivo, el cavernícola se acercaría, la tomaría y, en caso de que fuera una serpiente, lo mordería. El peor escenario posible suele ser lo más negativo y es por esto que siempre vemos la parte negativa de las cosas, porque nuestro cerebro nos protege ante el peligro, sea real o imaginario.

Entonces este 23% de desarrollo cerebral ayuda al niño a comunicarse con sus papás, porque cada vez que percibe un peligro o alerta —por ejemplo, hambre— llora. Si un bebé recién nacido no tuviera esa parte del cerebro desarrollada, no lloraría y su llanto no alertaría a su mamá para que le diera de comer. Si no está alerta o la alarma no existiera, el bebé podría morir. Para él, alimentarse es una cuestión de vida o muerte, porque no puede pasar tantas horas sin comer, así que 10 minutos de retraso de mamá es una eternidad para él.

Ahora quiero explicarte qué pasa con los berrinches dentro del cerebro emocional. El niño siente un malestar que percibe como una amenaza, así que su cerebro se pone en alerta y llora, muerde, grita, avienta... **para que sus cuidadores lo ayuden**.

Este mecanismo de defensa, que responde a las necesidades, se encuentra dentro del sistema límbico o cerebro emocional. Este sistema se ubica en medio de los dos hemisferios, justo a la altura de las orejas, y es la zona que regula las respuestas del cuerpo frente a los estados emocionales, el instinto y el comportamiento.

Los autores Daniel Siegel y Tina Payne Bryson, en su libro *El cerebro del niño*, denominan esta sección como el cerebro *inferior* o el *cerebro de abajo*. En esta parte se aloja una estructura con la forma y tamaño parecidos a una almendra, llamada *amígdala*, que se relaciona con las emociones. Cuando la amígdala se activa, inhibe el funcionamiento del cerebro superior.

A mí me gusta llamar cariñosamente a la amígdala "el terrorista del cerebro", ya que, cuando se activa, "incendia" todo; es difícil negociar con ella y toma el control sin que el resto de nuestro cerebro pueda hacer nada. El pequeño cerebro de nuestro hijo necesita nuestra ayuda.

Antes de continuar explicando los berrinches en el cerebro, te quiero platicar de otra parte muy importante.

Cerebro racional

El cerebro racional o la corteza prefrontal, también conocida como neocórtex o córtex prefrontal, se ubica en el lóbulo frontal del cerebro, en la parte trasera de nuestra frente, y se desarrolla conforme vamos teniendo experiencias en la vida. A mí me gusta identificarlo como la parte "adulta" de nuestro cerebro. Siegel y Bryson lo llaman el "cerebro superior o cerebro de arriba".

Mientras que el cerebro emocional se encarga de las funciones básicas, emociones e impulsos, el cerebro racional tiene una mayor evolución y es ahí donde se originan los procesos mentales y cognitivos más complejos. Se asocia directamente con el razonamiento y es la última área del cerebro que se desarrolla, logrando su máximo desarrollo hasta los 25 años.

Nuestros pensamientos y nuestra planeación provienen de esta parte del cerebro. Con ella tomamos decisiones; consideramos las consecuencias de nuestras acciones; manejamos y regulamos nuestras emociones; nos comportamos socialmente; controlamos nuestro cuerpo y frenamos nuestros impulsos. También es allí donde consideramos al otro, lo que piensa y siente. Igualmente, ahí viven la empatía y los pensamientos que nos hacen reflexionar sobre nuestras acciones como: "No le pegues a tu hermano porque le duele" o "No te lastimes porque te puedes lastimar".

Si nos comparamos con los otros animales, la corteza prefrontal de los seres humanos es más grande y evolucionada, debido a que ellos no necesitan pensar y planear tanto; requieren mantener sus instintos más activos para huir o luchar en caso de ser atacados.

La corteza prefrontal también se inhibe cuando estamos enamorados y es por eso que tomamos decisiones sin que intervenga la cabeza. También lo hace cuando estamos borrachos.

Toda esta parte de nuestro cerebro se acaba de desarrollar aproximadamente a los 25 años. Así que piensa: ¿por qué le exigimos a nuestro hijo de dos o tres años que controle su cuerpo, piense antes de actuar y regule sus emociones?

No es que no quiera, es que simplemente *no puede*; no tiene la capacidad cerebral para controlarse, pensar antes de actuar y regular sus emociones.

Entonces… ¿qué pasa en el cerebro de tu hijo cuando hace un berrinche?

Durante un berrinche tu hijo siente un malestar y su cerebro recibe una señal de alerta. Él no tiene claro qué emoción es ni por qué la siente. Tu hijo necesita de ti para eliminar ese malestar y volver a sentirse bien, ya que él solito no puede.

Cuando tu bebé se despierta a las tres de la mañana con hambre, grita y llora con todas sus fuerzas, siente que es una cuestión de vida o muerte, y su cerebro te está alertando porque necesita de ti para que le des de comer y sobrevivir. Solo tú puedes ayudar a apagar esa amígdala que se enciende y, según Siegel, se convierte en un perro guardián; yo lo veo más como un policía que está todo el tiempo en alerta y está preparado para actuar ante cualquier peligro o amenaza. Su papel dentro del cerebro es actuar sin pensar. Y cuando reacciona, se comporta como un terrorista con el cual no debemos de negociar.

Cuando la amígdala recibe una señal de alarma del exterior o del interior se pone en alerta. Una alarma interior puede ser un malestar físico como hambre, sueño, enojo, dolor o frustración, y una alarma exterior puede ser un límite o algo que no pudo hacer.

Como te comenté, esta amígdala, al sentir este estrés, se vuelve terrorista: "incendia" todo el cerebro y lo pone en modo de supervivencia. Automáticamente se desconecta la corteza prefrontal, que es la que piensa y razona. Vemos a nuestro hijo actuar como "animalito" y es que, sí, la zona de su cerebro que está activada es el sistema límbico, su cerebro emocional, que es su parte más animal.

Cuando su cerebro está incendiado, en pleno berrinche, es cuando aprovechamos nosotros para explicarle qué pasó y sermonearlo porque eso está mal. De lo que no te das cuenta es que no te está escuchando, ya que el cerebro está siendo controlado por el terrorista y está desconectada la parte que piensa y escucha, el cerebro racional.

Imagínate que en el cerebro hay carreteritas en ambos sentidos, unas que van y otras que vienen. Las que van o salen de él son hablar, gritar, moverse o expresarse; las que vienen son escuchar, ver o probar.

En el momento del berrinche todo el cerebro está incendiado y las carreteritas solo van, no vienen. Esto sucede para avisarte a ti, papá, que te necesita. Como caricatura, ve todo negro y no te está escuchando (acuérdate de que la escucha es una carretera que viene). Necesitamos primero ayudarlo a regularse para que las carreteritas regresen a los dos sentidos y logre escucharte.

Durante el berrinche es ineficaz y poco útil hablar con él, explicarle o sermonearlo, ya que no te está escuchando. Necesitas primero que el fuego se apague.

Cuando logre regularse, la amígdala se apagará y se reconectará el cerebro racional.

Nosotros estamos programados para responder al llanto de nuestros hijos, porque como adultos empatizamos muy fácilmente con el malestar físico de otra persona y más aún cuando se trata de un recién nacido o un bebé. Acudimos a toda velocidad a solucionar su malestar, cuidarlo y quitarle el estrés. Pero conforme el niño va creciendo y, gracias a nuestras creencias, empezamos a pensar que nos está manipulando, nos vamos desconectando y dejamos de ser tan empáticos con ellos. Es por eso que, durante el berrinche, los adultos pueden expresar o pensar comentarios como: "Esto no puede ser, este niño maleducado me está tomando la medida".

Conforme el bebé va creciendo, el cerebro superior también va desarrollándose y empieza a generar más conexiones neuronales. Los primeros 6 años de vida son de suma importancia para las sinapsis entre neuronas.

Muchas cosas pasan en su pequeño cerebro. Gracias a su plasticidad, tiene capacidad de establecer muchas conexiones, adaptarse a diferentes situaciones, cambiar su estructura y adquirir capacidades cognitivas. Aunque los niños son muy resilientes, es muy importante que entendamos la importancia de un correcto desarrollo cerebral en sus primeros años de vida. Por eso es relevante que, en esta primera infancia, el niño reciba la mejor atención por parte de sus cuidadores primarios. **La crianza esculpe el cerebro del niño** y tú lo esculpes junto con él. Entonces, mientras el bebé crece, su cerebro se va formando.

Regresemos al tema de los berrinches. Imagínate que tu hijo quería jugar con tus llaves, pero están sucias y siempre te las pierde; entonces le dices que no. ¿Cuál es su reacción? Probablemente se pone a hacer un berrinche. Le dijiste "no", se frustró y entonces la amígdala, siempre alerta, "incendia" todo el cerebro. Se defiende porque siente un malestar y su amígdala responde al instinto primario de todo ser vivo.

Existe un pequeño cable que conecta al cerebro *inferior* con el cerebro *superior*; no es un cable como tal, pero imagínate que sí para entenderlo mejor. En el momento del berrinche, el cerebro inferior se desconecta del cerebro superior; se libera una alta cantidad de cortisol (que es la hormona del estrés) que inunda todo el cerebro. A estas alturas, el niño es incapaz de pensar, no puede controlar su cuerpo ni sus emociones, no puede razonar y lo único que puede hacer es avisarte que te necesita. ¿Y qué hace? Llora, grita, pega, muerde, avienta, se pega, se avienta hacia atrás o cualquier otro recurso que tenga en su cajita de herramientas; es la única manera que sabe para lidiar con su estrés.

Usa estas herramientas porque necesita apagar el fuego que prendió su amígdala, porque, de lo contrario, ese estrés podría afectar su arquitectura cerebral. El pequeño ha perdido completamente el control de su cuerpo y emociones, y no puede concentrarse en lo que pasa a su alrededor, en las consecuencias de sus actos ni en lo que hizo mal.

En medio de esa crisis, lo único que saben hacer los papás es hablarle, explicarle, regañarlo o amenazarlo para que deje de gritar y de hacer berrinche; pero acuérdate que bajo tanta tensión el niño no escucha, ya que todo su cuerpo está concentrado en apagar el incendio y no te está oyendo.

¡Ayuda! ¿Cómo apago ese fuego? Por su inmadurez cerebral él solito no puede, no sabe cómo hacerlo; para que lo ayudes grita, llora o patalea, porque es la única manera que conoce para responder ante esa amenaza. Son sus únicas herramientas.

Está claro que no sirve que le des un sermón o le trates de explicar y pedir que se calme, porque esa información no le está llegando a su cerebro racional, el cual está desconectado. Tú tienes que ser su cerebro racional externo y ayudarlo. Pero ¿cómo?

Lo primero que tienes que hacer es regular su emoción para que su estrés se reduzca y vuelva a conectar su corteza prefrontal. Esto es lo principal, pero no te angusties, que te voy a enseñar paso a paso cómo hacerlo.

Otra cosa que debemos observar nosotros, como papás, es su nivel de desarrollo y de comprensión, ya que muchas veces les exigimos cosas que no corresponden a su edad. Les exigimos que se controlen y no pueden, porque físicamente su cerebro no está desarrollado; está inmaduro y no puede dejar de hacer un berrinche. Seguro te has cachado diciéndole a tu hijo que no pegue, pero sigue pegando; es porque todavía no tiene la capacidad para dejar de hacerlo y controlar su impulso.

El cerebro funciona por medio de la repetición y la constancia, así que debemos repetirles a los niños miles de millones de veces las cosas para que entiendan y puedan tranquilizarse. Tenemos la falsa creencia de que decirlo una vez basta para que lo entiendan y no es así.

Esta es una importante lección que debes memorizarte como mamá o papá: sé constante y congruente. Te aseguro que si lo haces el camino de la maternidad y paternidad se volverá más fácil.

PARTE TRES
Lo más importante

El vínculo es aquello que nos ayuda a vivir y sobrevivir

5

Apego:
la batería emocional de tu hijo

*Se ha descubierto que los seres humanos
de cualquier edad son más felices y capaces
de desplegar sus talentos al máximo
cuando están seguros de que hay una o más
personas de confianza que acudirían en su
ayuda si surgieran dificultades.*

JOHN BOWLBY

En uno de mis talleres, Mariana me platicó una anécdota:

—Michelle, ayer me pasó algo rarísimo. Fui a recoger a Fabiana al colegio y salió con un curita en su dedo. Justo cuando me vio, se puso a llorar. "Qué te pasó, Fabiana?", le dije y me agaché, pero como estaba tan desconsolada, no me podía decir nada. Le pregunté a la *miss* qué había pasado y me dijo: "No te angusties, se machucó, le puse un curita, la apapaché y se le pasó".

Resulta que Fabiana se había machucado el dedo a las nueve de la mañana y ya eran las dos de la tarde.

Entonces, ¿por qué si pasó el día tranquila cuando vio a su mamá empezó a llorar?

Déjame explicarte el comportamiento de Fabiana.

El término "apego" fue acuñado por John Bowlby en Inglaterra durante los años cincuenta, para explicar la primera relación del bebé con sus cuidadores principales y surgió de una manera muy interesante.

Durante la Segunda Guerra Mundial fueron bombardeadas las principales ciudades de Inglaterra; a muchos papás los enviaron a la guerra y a muchos niños los llevaron a los pueblos y campos para protegerlos. Al final de este terrible periodo, hubo muchos niños desamparados viviendo en orfanatorios. Pasado el tiempo, empezaron a notar que estos niños estaban bien alimentados, cuidados y eran saludables, pero no alcanzaban la altura que correspondía a sus edades. En comparación con otros niños, su desarrollo era inferior y no crecían lo suficiente.

La Organización Mundial de la Salud, preocupada, inició un estudio para explicar a qué se debía este fenómeno y recurrieron a John Bowlby, psicólogo y psiquiatra inglés.

La infancia de Bowlby tampoco había sido sencilla. Cuando era niño se consideraba que abrazar a los hijos era inapropiado porque los malcriaba, así que John y sus hermanos no convivían mucho con sus padres. Su papá era consejero del rey, casi no lo veían, y su mamá solo compartía con él y sus hermanos una hora cada tarde para tomar el té. Ellos eran atendidos por Minnie, su nana, quien fue una gran cuidadora para ellos; pero cuando John cumplió 4 años ella se fue y dejó una gran herida en el pequeño niño. Gracias a sus experiencias de infancia pudo conectarse y empatizar con el sufrimiento infantil.

Sus estudios lo llevaron a concebir grandes descubrimientos que sustentó en las investigaciones de otros autores. Encontró en los estudios del zoólogo Konrad Lorenz resultados interesantes que le ayudaron a explorar los fenómenos psicológicos que se encuentran asociados a los lazos afectivos entre los seres vivos.

Lorenz estudió el comportamiento de los gansos y encontró que cuando nacen abandonan sus nidos y se unen a cualquier ave en movimiento, sea o no su progenitora. Este fenómeno se conoce como "impronta" y es un vínculo instintivo que establecen por supervivencia, ya que saben que ellos solitos no pueden mantenerse vivos: necesitan al otro.

Bowlby se basó también en los experimentos que el psicólogo Harry Harlow realizó con monos, en el que separaban a las crías de sus madres con el fin de determinar el comportamiento de los pequeños changuitos a nivel afectivo. En su laboratorio puso dentro de jaulas a dos figuras similares a monos adultos, una hecha de alambre con un biberón con leche y otra de felpa, sin alimento. El objetivo era determinar con qué mono pasaban más tiempo. ¿Dónde crees que pasaba más tiempo el changuito? El resultado fue sorprendente: con el mono de felpa. Los monitos se alimentaban del mono de alambre, y regresaban y pasaban la mayor parte del tiempo con el mono de felpa. Los resultados demostraron que el vínculo entre las madres y sus crías es más poderoso que la alimentación.

Con base en estas dos investigaciones y en su propia experiencia, Bowlby dio luz a la forma en que los bebés se relacionan con sus padres durante los primeros meses de vida. Descubrió que la mamá y el papá representan una base segura para los hijos y, por tanto, una desvinculación temprana de los bebés repercute negativamente en ellos a medida que van creciendo, generando alteraciones psicológicas y físicas en el niño. Concluyó que el cariño materno continuo es una necesidad importantísima en el niño. A partir de estos resultados escribió tres libros: *Apego, Separación* y *Pérdida*; además le permitió proponer la teoría del apego que establece que, como seres humanos, venimos al mundo programados biológicamente para formar vínculos afectivos muy fuertes con otras personas, principalmente con nuestros cuidadores primarios. Bowlby concluyó que el apego es instintivo e innato en cada uno de nosotros, pero que particularmente en el bebé se asocia a la protección y supervivencia.

Como te conté anteriormente, cuando escuché por primera vez sobre la teoría de apego algo hizo clic en mi cabeza. Todo el conocimiento y aprendizaje que obtuve durante años cobró sentido y entendí que la primera relación con nuestros padres es esencial y fundamental para el desarrollo, porque los bebés prefieren el cariño, la contención y la protección a simplemente ser alimentados. La primera relación es la que realmente nos moldea y nos hace ser las personas que somos y tener las relaciones que tenemos. Amo este tema porque creo que es el foco central en el desarrollo del niño y posteriormente del adulto.

Existen algunas concepciones erróneas acerca del apego y quiero que tengas bien claro qué es lo que significa, porque existen padres que llegan a consulta diciendo: "Es que estoy muy apegado a mi hijo", y lo cierto es que así no funciona: tu hijo se apega a ti, no tú a tu hijo. Simplemente por biología, el bebé se apega a su mamá y papá. Recuerda que todo se trata de supervivencia, porque el cerebro de tu bebé está programado para ello. Se apega a ti porque le das de comer, lo bañas, le cambias el pañal, le das cariño y lo proteges.

Otra noción equivocada del apego es que se forma con la lactancia, colecho, porteo, entre otros. Aunque esto es muy importante para el vínculo bebé-mamá, esto *no* es apego. Es vínculo emocional o vínculo afectivo, el cual también es muy importante para el bebé.

El apego se forma en los momentos de estrés, cuando tu bebé tiene hambre, sueño, frío, dolor y cualquier malestar que lo saca de su estado de confort. Esto sucede porque es cuando más te necesita. En cambio, cuando está dormido, jugando, aprendiendo o conviviendo con otros, se encuentra feliz y se va formando en torno a él un ambiente positivo que le genera confianza y se siente seguro para explorar el ambiente a su alrededor.

**El apego se activa
en los momentos de estrés.**

Es importante aclarar que apego y vínculo emocional o afectivo *no son lo mismo*. Muchos especialistas creen que el apego se forma con la lactancia, con el juego, con el colecho, con el piel a piel, con el porteo o rebozo: eso es vínculo.

El vínculo se asocia a momentos agradables y de bienestar del bebé con mamá y papá, mientras que el apego tiene que ver con momentos desagradables como hambre, sueño, enojo, frustración, frío, dolor o cualquier otra situación de estrés. Por ejemplo, independientemente de que le des de comer con mamila o lo amamantes, el apego se desarrolla porque le eliminas el estrés al quitarle el hambre. Y esto es muy importante porque muchas mamás viven con culpabilidad por no haber podido (o querido) dar lactancia materna a sus hijos; lo cierto es que mientras lo apapaches cuando se despierte en la noche, lo abraces y le des el biberón viéndolo a los ojos, es algo perfecto, ya que estás fomentando un apego seguro.

Velo así: puedes tener un gran vínculo con una amiga pero no apego, porque ella no atiende a tus necesidades. Con tu pareja sí puedes tener apego, ya que la relación es diferente. Fíjate cómo son distintas. El vínculo se forma con muchas personas, pero el apego solamente con los papás y cuidadores en la infancia. Máximo, se forma el apego con tres cuidadores a la vez, que normalmente son las personas que más procuran al niño. En esencia, el vínculo es el contacto piel a piel, la lactancia, que juegues con tu hijo, que le des tiempo de calidad; en cambio, el apego únicamente se forma durante el estrés del niño.

Hace unos años participé en un proyecto para el DIF (Sistema Nacional para el Desarrollo Integral de la Familia) en el estado de Morelos, donde varios niños habían sido apartados de sus papás por haberlos maltratado. Durante el proceso de entrevistas les preguntamos a los niños: "¿Qué te gustaría?". Y todos, invariablemente, lo que más querían era regresar con sus papás, con aquellos que los golpeaban, que los amarraban o los dejaban sin comer. A pesar de los traumas que habían sufrido y las heridas emocionales que tenían, eso era lo que más querían. ¿Te sorprende? Pues el apego explica esto.

Está muy de moda escuchar el término "crianza con apego" y pues… tengo que decirte algo: TODAS las crianzas son con apego. Como el apego es algo biológico, todos nos apegamos a nuestros padres, sean "buenos" padres o papás que nos maltratan. Todas las crianzas se dan con apego; sean buenas, malas, estrictas, autoritarias o permisivas, *todas* conllevan apego.

Imagínate la responsabilidad que tienes como mamá o papá. Estás formando a un ser humano, su futuro depende mucho de cómo es su infancia. Tú eres parte responsable de lo que será tu hijo de adulto. Es por eso que tenemos que tomarnos este papel con la responsabilidad y delicadeza que se merece.

Seguro te estás preguntando: **¿y cómo se forma el apego?**

Siempre que atiendas las necesidades de tu hijo, le regules su estrés y sus emociones con amor, empatía y cariño, va a formar un apego seguro contigo. ¡Importante!, no se trata de estar como papá helicóptero, todo el tiempo sobre él, pero, si te necesita, debes estar ahí y atender su malestar.

Por ejemplo, si está jugando y se cae y se lastima la rodilla, vas y lo ayudas, pero mientras está jugando y se divierte, no te necesita, entonces déjalo explorar.

Existen cuatro tipos de apego: evitativo, ambivalente, seguro y desorganizado. No quiero profundizar demasiado en este tema. Nosotros lo que buscamos como padres es que nuestros hijos formen un apego seguro con nosotros. Los niños con apego seguro tienen más confianza en ellos mismos y en los demás, poseen buena autoestima, buena autoimagen y hasta resultan ser más inteligentes. Sé que suena raro, pero hace sentido porque son niños que no se preocupan por que mamá o papá los vaya a abandonar, que van a tener comida en su mesa, que no les van a pegar, que tienen la confianza y la seguridad de que en su casa todo va a estar bien. Son niños que su cerebro puede concentrarse en aprender, ya que no tiene estrés.

El apego seguro es importante para que tu hijo desarrolle todas las habilidades que se aprenden durante su crecimiento. Tu trabajo no es evitarle todo el estrés, sino ser un amortiguador para que este no le dé directo a tu hijo. No debes meterlo en una bola de cristal o empaquetarlo con papel burbuja para que no le pase nada, ya que esto sería sobreprotegerlo y estarías actuando como la crianza permisiva. Ayúdale a que los golpes de su vida no sean directos, pero sí permite que viva y experimente el mundo, siempre entendiendo sus necesidades y rellenándoles su batería emocional.

La batería emocional

Me encanta explicar el apego con la metáfora de la batería emocional. La primera vez que la escuché fue de una de mis maestras, la doctora Inés Di Bártolo.

Imagínate que la batería emocional es una pila que tenemos dentro de nosotros que puede rellenarse únicamente por mamá, papá o cualquier otro cuidador principal. Tiene un enchufe y solo se conecta con sus cuidadores principales para ser rellenada.

Todos nacemos con una batería emocional vacía dentro de nosotros. El bebé tiene hambre y su batería se vacía; le dan de comer y se rellena; o tiene sueño y su batería se vacía, viene mamá a apapacharlo y a dormirlo y se la vuelve a rellenar. Lo mismo aplica en cada una de sus necesidades, porque se le está quitando un malestar. Algo que tiene esta batería es que su naturaleza es vaciarse y lo hace muchas veces al día. Todo el día la batería se vacía y todo el día se le rellena, es un ciclo. Cuanto más chico es el niño, más nueva es su batería y se vacía más rápido. Pero ten presente que no se rellena con cualquier cosa o dándole todo lo que quiera, así no funciona; solo puedes rellenarla solucionando sus necesidades y apoyándolo emocionalmente. Cuando los niños tienen llena su batería, perciben seguridad y se sienten en confianza.

Estrés infantil

La batería se vacía cuando algo le produce estrés, pero no debes confundirlo con el estrés del adulto, que es totalmente diferente al infantil. En el caso del adulto es más mental porque ya tenemos nuestro cerebro desarrollado y aplica en cuestiones como: "Estoy angustiado", "Me preocupa el dinero", "Estoy nervioso", mientras que el estrés del niño es más sencillo, más instintivo.

Cuando los seres humanos nos sentimos amenazados, nuestro cerebro activa muchas respuestas fisiológicas por supervivencia. El cerebro detecta una señal de alerta y envía un mensaje a la glándula suprarrenal. Esta glándula trabaja liberando cortisol, el cual se desplaza por el torrente sanguíneo y llega al cerebro. Se acelera el ritmo cardiaco, toda la sangre se va a las extremidades y se activa el mecanismo de luchar, huir o congelarnos, conocido en inglés como *fight, flight or freeze*. Sube la presión arterial y aumenta el estrés.

El estrés infantil es cualquier malestar que siente el niño, ya sea físico o emocional. El estrés físico puede ser dolor, sueño, hambre, frío o cualquier otra incomodidad. Para los padres este suele ser muy sencillo de identificar, les resulta fácil conectarse y ayudar al niño a disminuirlo. Por ejemplo, si el niño se cae corriendo o se siente mal, la mamá acude rápido para ayudarlo. Pero si el estrés es emocional todo cambia. El estrés emocional puede ser frustración, angustia, ansiedad, abandono, envidia, enojo, celos, coraje, ira, tristeza o miedo; aquí es donde se nos bloquea el cerebro, nos es más complicado de reconocer y de conectarnos con el niño. Esto se debe a muchas razones, entre ellas nuestra historia personal, nuestra propia crianza, cómo fueron nuestros padres con nosotros, nuestras creencias culturales y cómo nos enseñaron a lidiar con nuestras propias emociones, especialmente las desagradables. Nosotros como padres tenemos doble chamba: la primera es reconocer nuestras propias emociones para después poder identificar en ellos las suyas. Cuando tratas de regular las emociones de tu hijo e intentas ayudarlo a manejarlas te topas con que no tienes ni idea de cómo hacerlo. ¿Y por qué pasa esto? Porque no poseemos las herramientas indicadas ni la inteligencia emocional suficiente para manejarlas.

El Center of the Developing Child de la Universidad de Harvard, entre otros institutos especializados, se dedica a investigar qué sucede en el cerebro del niño, por qué son tan importantes las relaciones con sus padres, por qué es indispensable que crezca en un ambiente protegido y cuidado, cómo se forman las conexiones neuronales y cómo afecta el cortisol al cerebro. Han realizado muchos estudios, pero hay uno en particular que me encanta: se centra en la reacción del cerebro ante el estrés y el cortisol. Definen que hay tres niveles de estrés: el estrés positivo, el estrés tolerable y el estrés tóxico. Te los voy a explicar.

Estrés tóxico
Estrés tolerable
Estrés positivo

El *estrés positivo* es el que todos sentimos. Es ese estrés que nos ayuda a despertarnos, a hacer actividades y nos hace tener energía. Es una dosis exacta de estrés en nuestro cerebro para activarnos y aumenta sanamente el ritmo cardiaco. Es la sensación de cuando suena el despertador en la mañana: sientes un subidón de energía y te despiertas. No te pasas todo el día alterado porque sonó el despertador en la mañana. Este estrés no es perjudicial para nuestro cerebro; al revés, lo necesitamos.

En los niños este estrés se ve en situaciones como el primer día de clases, el tener un cuidador nuevo, la llegada del hermanito, recibir una vacuna, hacer algo nuevo o desconocido o tener que hacer nuevos amigos. Son situaciones que desencadenan este estrés que no es tan grande; produce un poco de ansiedad, pero sigue siendo positivo.

Estudios sobre el cortisol en el ser humano han comprobado que durante la mañana es más alto para que podamos realizar nuestras actividades y, conforme va pasando el día, va disminuyendo para que podamos conciliar el sueño. Esto nos ayuda a mantener los ritmos circadianos de día y de noche.

El *estrés tolerable* es un poco más fuerte, ya que activa aún más los sistemas de alerta ante situaciones o eventos fuera de lo común, como una lesión física o la muerte de un ser querido. Puede ser más complejo y duradero, pero si los cuidadores son estables, afectuosos, lo apapachan, lo contienen y lo ayudan a regular su estrés, es tolerable y no se convierte en tóxico.

El *estrés tóxico* se presenta cuando a los niños les pasan cosas difíciles, intensas y frecuentes. Contrario al estrés tolerable, se activa y no se desactiva; permanece constantemente encendido, debido a que los niños no tienen cuidadores que los ayuden y los contengan. A los niños les puede pasar la misma situación estresante, pero depende de la reacción y la capacidad de contención de sus cuidadores si su estrés es tolerable o se convierte en tóxico. Si lo logran contener y ayudar, el estrés se vuelve tolerable para el cerebro del niño; si no, tiene repercusiones en su arquitectura cerebral. También dentro del estrés tóxico se encuentran situaciones de mucho abuso, ya sea físico, psicológico o sexual; niños que sufren violencia por parte de sus cuidadores, niños abandonados o con papás negligentes, que no saben si van a estar ahí o no. Son niños que todo el tiempo están en alerta y su cerebro se ve perjudicado.

¿Por qué es preocupante este estrés?

Te platiqué en el capítulo 4 que el cerebro del niño es muy inmaduro y como apenas está formando todas las conexiones neuronales es muy vulnerable al estrés. Si el niño no recibe ayuda y contención y todo el tiempo se encuentra en estado de alerta, su sistema colapsa, la arquitectura de su cerebro se afecta y no se desarrolla de la mejor manera.

Si analizamos el escáner cerebral de dos niños, uno que vive en un orfanato porque fue separado de sus padres abusivos y otro que vive con una familia amorosa, las diferencias son claramente evidentes. El cerebro del niño que fue separado es más pequeño físicamente que el del niño que se mantiene en casa; además, el primero presenta menor actividad cerebral porque durante la etapa inicial de su vida no se dieron las conexiones neuronales óptimas en comparación con el segundo. Imagina la diferencia de oportunidades que tienen estos dos niños en su futuro.

Y debo aclarar que esto no significa que tu hijo debe crecer sin ningún tipo de estrés, ¡no, no, no!; de hecho, es sano que experimente estrés positivo. Como padres no hay que pretender quitárselo, pero sí podemos evitar causarles más estrés y sí podemos contenerlos y ayudarlos a amortiguarlo cuando lo sientan.

¿Te das cuenta del papel tan importante que cumples como cuidador de tu hijo? Si estás ahí, si lo sostienes, soportas y contienes, definitivamente su estrés será positivo o tolerante, pero jamás tóxico.

Ya sabemos que el estrés y el apego se encuentran estrechamente relacionados. Como padres somos muy buenos rellenando su batería cuando tienen un estrés físico. Por ejemplo, si tu hijo está enfermo, te conectas inmediatamente con él y lo haces de una forma muy empática. Lo mismo sucede si se cae o se lastima. En lo que somos malísimos es en rellenarle la batería cuando tiene un problema emocional. Me atrevo a decir que la mayoría de nosotros somos analfabetas emocionales; pero no es culpa nuestra: es una marca que nos ha dejado nuestra crianza, en la cual jamás nos enseñaron cómo actuar ante los momentos emocionales. No te digo esto para que culpes a tus padres; al contrario, te lo digo para que lo hagas consciente y te responsabilices, ya que somos adultos y nos toca a nosotros hacer lo mejor con lo que tenemos.

En un berrinche lo que ocurre es que tu hijo siente algún tipo de malestar, por ejemplo una frustración. En ese instante su batería está vacía y necesita que se la rellenes, porque él no puede solo. Si nosotros lo ignoramos o lo mandamos a su cuarto, es decir, lo opuesto a cargar su batería, con el tiempo su batería pierde la capacidad de rellenarse al cien por ciento y comienza a formarse un apego inseguro, que es justo lo que no queremos que ocurra. Y con un apego inseguro, al ser adulto es más propenso a las adicciones, a la obesidad, a las relaciones tóxicas, a juntarse con personas que no le convienen y a las malas relaciones. La carencia de energía en su batería es compensada con elementos externos como comida, cigarros, alcohol, drogas, relaciones tóxicas o codependientes.

Los primeros años de vida del niño son cruciales para su desarrollo, ya que en ese espacio se abren muchas ventanas de oportunidades para su desarrollo: durante los primeros seis a siete años de vida el cerebro empieza a hacer millones de conexiones neuronales.

Depende de ti como mamá, papá, cuidador o educador, de tus habilidades y herramientas, que le rellenes la batería de una forma paciente, empática y compasiva.

La relación madre-hijo y padre-hijo se basa en la confianza, y si apoyas a tu hijo todos los días se irá fortaleciendo. La maestra o los abuelos también pueden rellenar su batería, pero es muy importante que tengas presente que únicamente tú como cuidador principal la puedes cargar al cien por ciento.

¿Recuerdas a Mariana y a la pequeña Fabiana? Mariana dejó a su hija en el colegio con la batería al cien por ciento cuando se despidió de ella con un abrazo, pero las diferentes circunstancias que pasan en el colegio van vaciando su batería durante el día: si se pelea con el amiguito, si le quitan su crayola, si se le acabó el lunch o se frustró porque no pudo hacer una actividad. Una de estas situaciones fue cuando se machucó, y la *miss* que es una persona amorosa, con la cual ha formado un vínculo, le rellenó la batería.

Pero la *miss* no es su mamá, y por eso le faltó un poco más para tener la carga completa. Entonces, cuando Mariana llegó a recogerla al colegio, se activó en Fabiana su sistema de alerta y lloró para que su mamá le terminara de rellenar lo que le faltó de batería. Observa si alguna vez te ha pasado alguna situación similar con tu hijo. Piensa en cuando regresaste de una junta, de algún viaje o de fin de semana.

Claro que existen cuidadores secundarios que pueden rellenar la batería de tu hijo, pero no al cien por ciento, como sus cuidadores primarios.

EL CÍRCULO DE SEGURIDAD

Rafaela está aprendiendo a gatear, y lo que más le gusta es explorar los cuartos de su casa. Siempre su mamá la pone en el suelo y empieza a gatear por todos lados. Pero cuando empieza a ir muy rápido y se asusta, se frena y voltea a ver a su mamá. Después de esto puede continuar, porque solo le basta verla para "tocar base".

Valentín está en una fiesta infantil de uno de sus compañeritos de clase. Es un poco introvertido y le cuesta separarse de su papá para ir a jugar con sus amiguitos. Después de pasar la primera hora al lado de su papá, se va a jugar al inflable con una amiga. Unos 15 minutos después regresa. "Papá, ven, acompáñame por unas palomitas", y su papá, ya molesto, le dice: "Pero vete con tu amiga, estabas feliz jugando con ella, a mí no me necesitas".

Pamela estaba en casa de su abuela jugando en el jardín con todas sus primas. Al correr se tropezó con una piedra y se cayó. En ese momento gritó: "¡Mamá!", entre sollozos. Su mamá se paró de la mesa a ir a ver qué le había pasado. La consoló, le limpió la herida y le puso una curita. Pame, al sentirse apapachada por su mamá, pudo reanudar el juego con sus primas.

Basados en la teoría del apego los autores estadounidenses Hoffman, Cooper y Powell desarrollaron una propia, llamada el *círculo de seguridad*. Describen el círculo como un espacio donde el niño siente la confianza de que sus papás estarán ahí como base, lo dejan explorar y lo van a recibir cuando los necesite.

Te quiero explicar los tres elementos que lo componen:

1. Ser una base segura

El primer elemento es ser una base segura, lo que significa ser este espacio donde el niño siente la confianza de separarse de ti y de ir a explorar su mundo. Los padres son este trampolín o este muelle desde el cual se impulsa con seguridad para salir al mundo. Como lo fue el papá de Valentín cuando estuvo con él pacientemente al inicio de la fiesta.

2. Permitir la exploración

El segundo elemento es el apoyo que le dan los padres durante la exploración. No me refiero solamente a la exploración como tal; hablo de poner en práctica alguna competencia en un contexto, por ejemplo: comer, dormir, hablar, correr, jugar, gatear, escalar, caminar, dibujar, brincar, aprender, entre otras. Como padre debes permitir la exploración en un determinado contexto que sea seguro, pero estimulante a la vez. En el ejemplo de Rafaela y su mamá podemos ver que su mamá la deja explorar en un espacio seguro.

Hoy en día, especialmente con la crianza conductual, estamos viendo muchas fallas en este etapa, porque hay papás sobreprotectores que no permiten la exploración y que les repiten a sus hijos a cada rato: "Cuidado, te vas a caer", "Cuidado con la esquina", "No corras", "No te metas eso a la boca", "No te subas a ese juego" o "Quédate aquí a mi lado". Cuando la batería del niño está llena porque salió de una base segura, los niños buscan explorar y necesitan que los dejes descubrir el mundo a su alrededor. La exploración no es solamente física, son todas las actividades que puede realizar mientras no tenga estrés.

3. Ser un refugio seguro

El tercer elemento para lograr un apego seguro, según el círculo de seguridad, es ser un refugio fiable y esto se da cuando tu hijo necesita el apoyo de una persona a cargo que sea más fuerte, más grande, más sabia y más bondadosa para recibir cariño, consuelo, atención y contención. El objetivo como padres es ser este refugio seguro al cual pueden volver siempre que las cosas se pongan difíciles. Para anunciarnos que nos necesitan, nuestros hijos usan lo que se llama conductas de apego, como llantos, gritos, contacto físico, miradas, etcétera.

Cuando el apego se "apaga", logra explorar; y cuando el apego se "activa", automáticamente deja de explorar.

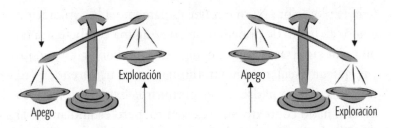

En el ejemplo de Pamela, cuando se cayó dejó de jugar inmediatamente porque su batería se vació y su apego se activó, y lo más importante en ese momento era que su mamá le rellenara su batería. Cuando su mamá se acercó, la ayudó y la apapachó, Pamela tocó base, su apego se desactivó, se accionó de nuevo su exploración y pudo regresar al juego con sus primas.

En el ejemplo de Rafaela, ver a su mamá del otro lado del cuarto fue suficiente para tocar base y sentirla como refugio seguro. Si se hubiera lastimado con algo, probablemente habría necesitado algo más que una mirada.

Observa cuántas veces al día tu hijo se acerca contigo a tocar base. Lo puede hacer de una manera sutil, solamente con la mirada, o más notoria, por medio del llanto o los gritos. Como padre te recomiendo que siempre tengas prendida la antenita de la atención para que puedas ser su refugio seguro y logres rellenar su batería. Muchas veces no nos damos cuenta, pero nuestros hijos nos están pidiendo que seamos su refugio; por ejemplo, en una fiesta cuando viene a enseñarte su dibujo, a darte su suéter o la mitad de la manzana que se estaba comiendo. Tendemos a decirles: "No interrumpas, estoy hablando con un adulto", y muchas veces lo que necesitan de nosotros es una mirada o unos pocos segundos de atención.

Ya vimos cómo completar el círculo de seguridad, ahora veremos cómo rellenar la batería de una manera eficiente y eficaz.

¿Cómo no se rellena la batería?

Dándole galletas y dulces, rompiendo los límites y las reglas, regalándole juguetes, comprándole lo que se le antoje, dejándolo hacer lo que quiera, consintiéndolo, etcétera.

¿Cómo sí se rellena la batería?

Estando ahí, poniéndole atención, dándole contacto físico, apapachándolo, llevándolo a dormir, viéndole a los ojos, dándole de comer cuando tiene hambre, poniéndote a su altura, estableciendo límites y ayudarlo a cumplirlos, explicándole las situaciones, anticipándole lo que va a pasar, confiando en él, apoyándolo, diciéndole: "te entiendo, te voy a ayudar", entre otras acciones. Se trata de que atiendas sus necesidades de una manera consciente y eficaz, ayudándolo a lidiar con su frustración, no quitándosela. El mensaje que le quieres dar es que llueve, truene o relampaguee, se porte bien, mal o peor, vas a seguir queriéndolo, ¡siempre! Sin condiciones.

LOS CINCO LENGUAJES DEL AMOR

Desde que tengo memoria mi mamá siempre me da regalitos: me compra un suéter, me regala un *lipstick* o me trae una sorpresa cuando se va de viaje. Muchos años me costó darme cuenta de que lo que estaba haciendo con sus regalos era demostrarme su amor. Mi manera de recibir amor no es con regalos, así que nunca lo percibí como una demostración de amor hacia mí. Pero cuando descubrí la teoría de Gary Chapman cambió mi perspectiva por completo y logré entender tantas cosas de mi infancia y adolescencia.

Son muchas las formas en que puedes rellenar la batería de tu hijo y una de las más importantes es expresándole tu amor, tal como señala Gary Chapman en su libro *Los cinco lenguajes del amor*; así que observa cuál es el lenguaje de amor de tu hijo o con cuál rellenas su batería. Te voy a platicar brevemente sobre ellos y te recomiendo ampliamente que leas el libro, hagas el test en línea y lo compartas con tu pareja. Para que de esta forma seas consciente de tu manera de dar y recibir amor, así como la de tu pareja y tu hijo.

Contacto físico:
Cualquier tipo de contacto físico, puede ser un abrazo, un apapacho, besos, darle la mano o un "chócalas", caricias, masajes, palmadas en la espalda, entre otros.

Si tu hijo tiene este lenguaje todo el día va a estar encima o al lado de ti; te dará la mano en el coche o al ver la tele; te va a pedir que lo abraces; querrá dormirse o acostarse al lado de ti; te pedirá que lo cargues, que lo abraces o que lo apapaches.

Tiempo de calidad:

Tiempo de calidad y atención exclusiva sin interrupciones de sus padres. El mensaje que le das con este lenguaje es "tú eres lo más importante para mí".

Si tu hijo tiene este lenguaje te recomiendo agendar momentos a solas con él, sin sus hermanos y sin tu pareja; te va a pedir que le leas un cuento, que juegues con él, que pintes con él; te va a regañar cuando uses el celular y no le pongas atención. Te recomiendo que te fijes en sus gustos e intereses y los compartas con él.

Palabras de afirmación:

Palabras de afecto, cariño, elogio y ánimo. Las palabras tienen un gran poder para demostrar amor. Ojo, no solo influye lo que dices, sino también cómo lo dices, el ánimo y la intención con los que lo dices.

Si tu hijo tiene este lenguaje te va a preguntar: "¿me veo bonito?", "¿lo hice bien?", o alguna otra pregunta para recibir palabras de afirmación de tu parte. También te va a decir lo bonita que estás, lo linda que eres, lo bien que te queda esa camisa o lo buen papá que eres.

Regalos:

Hay que entender que el tamaño y el precio no tienen nada que ver. Lo más importante y lo que cuenta es la intención que hay detrás de dar un regalo.

Si tu hijo tiene este lenguaje, cada vez que regreses te va a preguntar qué le trajiste o va a pedirte que le traigas una sorpresa. Te recomiendo que consideres sus preferencias, le des regalos con intención y que los envuelvas de una forma creativa para que le dé más ilusión.

Actos de servicio:

Este es un poco complicado de entender, porque cuanto más pequeños son nuestros hijos, más hacemos cosas por ellos, ya que todavía no pueden solos. Los niños que tienen este lenguaje de amor pueden hacer las cosas por ellos mismos, pero se sienten amados por ti cuando las haces por ellos.

Si tu hijo tiene este lenguaje te va a pedir que lo ayudes, que le pases un vaso de agua o una cobija, que le abroches las agujetas o que le arregles un juguete que se le rompió. Aunque él ya pueda hacer las cosas por él mismo, ayúdalo con una actitud amorosa y positiva, demostrándole así tu amor.

Empieza a observar cuál es el lenguaje de amor de tu hijo.

¿Qué te pide?

¿Qué te da?

¿Qué le da a los demás?

¿De qué se queja?

Al reconocerlo vas a mejorar mucho la relación y él se va a sentir más conectado contigo y con su batería emocional llena.

Como a mí me pasó: al entender que el lenguaje de amor de mi mamá era darme regalos, mejoró muchísimo nuestra relación. Ahora cada vez que me trae un regalo, siento profundamente su amor. Y como mis dos lenguajes de amor principales son tiempo de calidad y contacto físico, cuando necesito apapacho o que me escuche, ya sé cómo pedírselo, ya que a ella no le sale natural porque no son sus lenguajes.

El objetivo principal de la crianza emocional es que nuestros hijos sean amados incondicionalmente, sin importar su comportamiento o sus acciones. Ciertamente con muchas de las técnicas de crianza que usamos no les damos este mensaje de apoyo y amor incondicionales, sino más bien está condicionado a cómo se portan o qué hacen. El más grande anhelo del ser humano es que lo amen como es, sin condiciones, principalmente sus papás.

Acuérdate de que cuanto más y mejor le rellenes la batería a tu hijo, más capacidad tendrá para llevársela llena el resto de su vida.

6

Tú eres la herramienta principal en la crianza de tus hijos

Tú eres la gasolinera. Si te quedas sin reservas, tus hijos se quedan sin gasolina.

MICHELLE AZIZ KURI

Cuando viajamos en un avión, el capitán siempre anuncia que, en caso de despresurización en la cabina, primero nos ponemos nosotros la mascarilla de oxígeno y después se la colocamos al niño. ¿Sabes a qué se debe?

Mi lógica diría: "se la pongo rápido a él y después me la pongo yo, porque tengo más capacidad pulmonar y aguanto más la respiración". Eso es lo que me indica el sentido común y seguramente compartes mi opinión. Pero la realidad es que si por casualidad nos desmayamos por falta de aire mientras se la estamos poniendo, él ya no se la puede acomodar solito. Entonces, necesita que nosotros nos coloquemos primero la mascarilla.

Lo mismo pasa con la maternidad. Necesitas ponerte tu mascarilla antes que a tu hijo, es decir, necesitas cuidar de ti antes que cuidar de él. Se dice fácil, pero qué difícil es... ¿verdad? Pensar en ponerte la mascarilla primero te hace sentir culpable. ¿Y por qué te sientes así? Platiquemos de la famosa y temible culpabilidad materna.

CULPABILIDAD MATERNA

Todos estamos haciendo malabares, con
muchas pelotas en el aire a la vez. Algunas
de estas pelotas son de vidrio y no las
puedes soltar, pero otras son de goma y
las puedes soltar un momento y rebotarán
hasta que estés listo para volverlas a tomar.
El truco es saber cuál es cuál.

GOLDIE GROSSBAUM

Araceli llegó a consulta angustiada, sintiéndose la peor madre. Su bebé Sergio se le cayó de la cama. Su culpabilidad venía de que se distrajo 10 segundos en lo que contestó el teléfono que estaba sonando. Claro que esta situación no es ideal, pero ¿a cuántas mamás del mundo no se les ha caído su bebé alguna vez? Claramente no es a propósito, pero los accidentes suceden, aunque sean madres presentes. ¿Esto hace a Araceli mala madre? No, probablemente pudo haber sido más cuidadosa, pero ella se sintió como la peor madre del mundo entero. Y esto es lo que nos hace sentir la culpabilidad.

Hoy en día, las mamás sienten mucha carga sobre sus hombros al criar a sus hijos porque cada vez tienen más responsabilidades, existe más información de "vida o muerte" y hay más especialistas diciéndoles qué sí y qué no recomiendan hacer.

Quiero enfocar esta parte del capítulo a la culpabilidad materna. Si tú eres hombre y me estás leyendo, ustedes también sienten culpa, pero está más dirigida a su papel de "proveedor de la familia" y la sienten cuando no logran cumplir con él al cien por ciento. Las madres sienten culpabilidad por todo, principalmente por cosas relacionadas con la crianza de sus hijos.

Siempre consideraba que la culpabilidad aparecía cuando nacía el bebé, pero en una ocasión una mamá me dijo: "No, para nada; la culpabilidad aparece cuando la prueba de embarazo es positiva". Analizando esto, creo que tiene mucha razón. La culpabilidad materna es algo que experimentan todas las mamás, y aunque es incómoda, tiene una razón de ser.

A partir de la idea de que se sienten culpables desde que la prueba da positivo, durante el embarazo las mujeres se sienten culpables si fumaron, si no durmieron bien, si su hijo no está creciendo lo suficiente, si engordaron más de lo recomendado, si no fueron tan constantes con sus vitaminas prenatales, si se tomaron una copa más de vino de lo permitido, entre otras preocupaciones. Después del parto, se sienten culpables si nació prematuro, si no aguantó el parto sin la epidural, si fue cesárea y no natural, si el niño necesitó estar en la incubadora, si no logró amamantarlo, si no le gustó darle pecho, si no le salió leche, si le dio frío, si llora y no sabe por qué está llorando, si no duerme de corrido, si el agua está muy caliente y se quemó, si no se despertó cuando el bebé lloró, si el niño llora mucho o si llora poco, si se despertó sudando por taparlo mucho, si tiene hipo porque no se dio cuenta de que tenía el pañal mojado, etcétera, etcétera, etcétera. Y así me puedo seguir porque es una lista interminable de cosas que les dan culpabilidad a las madres.

Hay una explicación lógica y otra no tan lógica acerca de la culpabilidad materna. Quiero empezar por la explicación lógica.

En las últimas semanas de embarazo y en las primeras semanas de vida del bebé aparece la *preocupación maternal primaria*; es un término acuñado por el psicólogo infantil Donald Winnicott y se refiere al estado que asume la madre, en el cual entrega por completo su atención a este nuevo ser que está formándose dentro de ella. Se olvida de ella y de todo a su alrededor, centrándose totalmente en su embarazo. Durante este tiempo se conecta con lo que está pasando dentro de su panza y reconoce todos los movimientos del bebé. Si la mamá no se conecta con el bebé que está dentro de ella, no estaría pendiente de cada movimiento y no se percataría de si algo pasara con él. Esto la prepara para conectarse con el bebé recién nacido. Una vez que el bebé nace, depende al cien por ciento de su mamá para sobrevivir, así que biológicamente la madre se pone a ella misma a un lado y dedica toda su energía al recién nacido. Así que naturalmente las mamás se olvidan de ellas mismas para ocuparse de sus hijos para que ellos sobrevivan. Es un mecanismo de protección y supervivencia que se activa de manera natural en la psique de la madre. Esto ocurre porque la mamá es la principal fuente de alimentación y de sobrevivencia. Es común que en la cuarentena la madre no se bañe, no duerma y no se cuide a ella misma porque toda su atención está puesta sobre el recién nacido.

Idealmente, tras las primeras semanas o meses del nacimiento del bebé, la madre tendría que regresar a su estado anterior y ponerse a ella en primer lugar. Pero esto no sucede tan naturalmente como nos imaginaríamos. Y aquí va la explicación no tan lógica de la culpabilidad. En nuestra sociedad, por la influencia judeocristiana que heredamos, tenemos la creencia que cuanto más te sacrifiques, mejor mamá vas a ser, y esto no puede estar más lejano de la verdad. Primero, son creencias sociales que indican que, como mamás, debemos mantener en equilibrio muchos sombreros; pero no es culpa solamente de la sociedad, nosotras a mucha honra nos la compramos y nos la creemos. Y ahí andan todas las mamás actuando como *superwomen*, haciendo malabares con muchos sombreros o, como dice la frase al inicio de este capítulo, con muchas pelotas. Las madres son enfermeras, choferes, cocineras, maestras, consejeras, peluqueras, financiadoras, despertadores, psicólogas, gerentes de familias, masajistas, etcétera. Y aparte de todo les cuesta mucho pedir y recibir ayuda. ¿Cómo no se van a sentir culpables cuando tiran o se les cae una pelota? Tenemos que entender que no podemos con todo; claro que somos expertas en creer que sí, pero de verdad no podemos porque eventualmente fallaremos en algo. Y a menudo la pelota que menos pelamos y que tiramos primero es la nuestra, la que debería ser la más importante.

Las mamás de hoy buscan ser perfectas y es un grave error. *El objetivo es ser una madre suficientemente buena, no una madre perfecta.* Es imposible alcanzar la perfección porque no existe, pero si entiendes que debes ser una madre suficientemente buena, eso sí lo puedes lograr. Y la vara en vez de estar en un lugar inaccesible, se vuelve más fácil de alcanzar.

De vuelta al tema, a la mamá le cuesta salir de ese momento de "concentración máxima" en su hijo, le supone mucho esfuerzo regresar a ser quien era originalmente, ser ella misma, y se siente culpable cuando lo hace.

Todas las mamás en algún momento de su maternidad han sentido culpa. Es un hecho que esta emoción se lleva por dentro y muchas veces no se exterioriza, por lo que desencadena frustración y una sensación de traición a ellas mismas. Las mamás asumen tantas responsabilidades que terminan agotadas al final del día, y se sienten como la peor mamá del mundo. Algo que no nos ayuda nada en la crianza y en nuestra culpabilidad es la cantidad de información que tenemos a nuestro alcance.

Seguro te estás preguntando: ¿qué tiene que ver la información con la culpabilidad materna? Aunque no lo creas, mucho.

¿Alguna vez has escuchado acerca de las *mamás Pinterest*? Son estas mamás que les gusta hacer manualidades y actividades creativas con sus hijos o para ellos. Se les conoce así porque suben sus creaciones a Pinterest o a Instagram y dan una impresión de una maternidad perfecta e inalcanzable para algunas. No estoy diciendo que están mal, hay muchas personas creativas que disfrutan hacer este tipo de actividades y está bien; solo estoy reflejando que muchas otras se sienten culpables al no querer o no poder ser este estilo de mamá. Está bien si eres o si no lo eres, la cantidad de actividades o la calidad de estas no te hacen mejor o peor mamá.

Muchas mamás para los cumpleaños preparan unos pasteles divinos, mientras que en el lado opuesto hay mamás que dicen: "Estoy tan ocupada y cansada y me siento superculpable porque yo no puedo hacer lo que ella hace", porque no logran estar con sus hijos todo el tiempo que les gustaría. La culpabilidad de las mamás surge de miles de cosas diferentes. Si la mamá se tomó un poco de tiempo para ella, si el bebé se despertó y ella le gritó, si no ha podido amamantarlo, si llora mucho, etcétera. Cualquier cosa puede ser un detonante para decir: "No soy la mamá perfecta". En el pasado no era así, las mamás no se cuestionaban tanto ni sentían tanta culpa, porque no tenían tanta información como de la que disponemos ahora.

Sofía es una mamá que se divide entre su trabajo y su maternidad, pero constantemente se siente culpable.

"De verdad qué mala mamá soy. Le compré los *cupcakes* en el súper y no los hice a mano, como las demás mamás del salón."

Al igual que Sofía, existen muchas mamás que trabajan, o son mamás que no se les da la cocina, no les interesa o invierten su tiempo en diferentes cosas; pero la culpabilidad es parte de todas las mamás, trabajen o no.

No hay que compararnos, cada una de nosotras tenemos cualidades y habilidades específicas. Hay que entender que nuestros hijos no se acuerdan de qué hicieron con nosotros, sino de cómo los hicimos sentir. Y para sentirse bien, muchas veces menos es más.

Una de las cosas que más me repiten los padres en sesión es: "Mi hijo se aburre y ya no sé qué hacer para entretenerlo" o "No sabe jugar solo, me necesita ahí al lado todo el tiempo". Te tengo una noticia: aburrirse es bueno y positivo. Los niños necesitan aburrirse porque a partir de ahí surge la curiosidad, la imaginación, la fantasía y la creatividad. Lo que he visto es que el problema la mayoría de las veces no es del niño, es que el papá es el que se pone nervioso cuando su hijo le dice "estoy aburrido". Le entra ansiedad, nervios y culpabilidad, y en ese minuto lo quiere sacar de su aburrimiento, que es una emoción desagradable. Como padres, al no saber lidiar con nuestras emociones desagradables, menos vamos a poder lidiar con las de nuestros hijos.

> Lorenza estaba agotada, no dormía nada y eso la ponía de muy mal humor. Todo el tiempo regañaba a Lucila, su pequeña de año y medio, que por cierto ya estaba durmiendo toda la noche, así que Lorenza podía tener más tiempo para reposar, pero no podía conciliar el sueño.

La historia de Lorenza parece contradictoria, pero no lo es: a muchas mamás les pasa igual. Veamos a qué se debía su comportamiento.

En nuestra sesión le dejé una tarea: dormir entre siete y nueve horas por noche. A la siguiente semana regresó angustiadísima, porque aún no lograba dormir. Entonces investigué un poco más junto con ella para determinar el origen del problema.

Me platicó que, en las mañanas, escuchaba a Lucila despierta en su cuna, platicando sola, haciendo ruiditos y jugando, y sentía mucha culpa de no estar ahí con ella, así que se levantaba y no dormía las horas necesarias.

Le expliqué que si Lucila no lloraba ni se estaba quejando, estaba feliz en su cuna explorando y no necesitaba de Lorenza en ese momento, así que justo es cuando ella puede cuidarse a sí misma y dedicarse tiempo. Cualquier madre que se despierta cansada por no haber dormido va a estar agotada, será mucho más reactiva, perderá más rápido la paciencia, será más propensa a explotar con sus hijos y eso genera un círculo vicioso donde:

Exploto ➡ **me siento culpable** ➡ **me atormento**
➡ **no resuelvo el problema de raíz.**

Solemos mirar la culpabilidad como algo negativo que debemos evitar, pero lo cierto es que tiene un componente bien importante que no podemos ignorar y que Brené Brown lo describe a la perfección: "Soy pro-culpabilidad. La culpa es buena. La culpa nos ayuda a mantenernos en el camino, porque se trata de nuestro comportamiento. Se produce cuando comparamos algo que hemos hecho o dejamos de hacer, con nuestros valores personales".

Como Brené, yo también soy pro-culpabilidad, pero no de todas; a mí me gusta dividirlas en dos ramas: la culpabilidad real y la culpabilidad falsa.

Culpabilidad real

La culpabilidad real es una alarma. Yo la imagino como un foquito rojo que nos ayuda a darnos cuenta de que nos estamos desviando de nuestros valores y de lo que creemos correcto. Es de lo que habla Brené: es algo que estás haciendo o algo que hiciste que no va contigo, con tu moral, con tus valores y con lo que tú estás de acuerdo.

Por ejemplo, Paola está enseñándole a su hijo Adrián a dormir y decide aplicar el método de dejarlo solo llorando hasta que lo logre (con el cual no estoy de acuerdo). Paola se queda afuera del cuarto, mientras Adrián llora, llora y llora, sin parar por horas. Paola no duerme esa noche y en la mañana, además de estar cansada, siente mucha culpabilidad y se siente pésimo. "Qué mal lo hice, qué mala mamá soy". Lo cierto es que el sistema de creencias de Paola y su estructura moral le lanzan una alerta de que aquello que está haciendo no va con ella.

Paola debe poner atención a esa partecita de su cerebro que claramente le está enviando un mensaje y confiar en su instinto.

Como Paola, muchos otros papás sienten culpa real ante sus reacciones y las acciones que hacen. Por ejemplo, cuando una mamá pierde la paciencia, le da una nalgada a su hijo y después se siente culpable.

No ignores esta culpa, es real y sirve de mucho. Te está avisando que te estás saliendo del caminito que tú crees correcto y debes observarla.

Además de observarla debes hacer algo al respecto. Yo recomiendo primero analizarla y aceptarla. Si te peleas con ella o pretendes negarla se pone peor y aumenta. Después, hazla consciente para no repetirla, pide perdón y reparara tus acciones. Estas son grandes maneras de respetar tus creencias y tus valores. Asimismo le estás enseñando a tus hijos que también los papás nos podemos equivocar, que somos humanos, que se vale pedir perdón y que podemos reparar nuestros errores.

Culpabilidad falsa

Esta culpabilidad es la que viene a juzgarnos cuando no estamos siendo cien por ciento PERFECTOS en algo que estamos haciendo. Esto es lo que nos enseña la sociedad y se lo compramos con todo el gusto del mundo, pero recuerda… el día tiene solo 24 horas y tenemos un porcentaje limitado de nosotros para dar. Si dividimos esta energía en muchas actividades no vamos a poder darle el cien por ciento a ninguna de ellas. Terminamos dividiendo nuestro tiempo y, al final, no concluimos ninguna de las tareas o las hacemos mal. A lo mejor acabas dividiendo tu tiempo 90% en el trabajo y 10% para tu hijo, y sientes mucha culpabilidad por no haberle dedicado las horas que te hubiera gustado. Empieza a equilibrar el tiempo. Al principio no es sencillo, pero empieza a distribuirlo de forma eficiente. Una vez escuché una frase que me encantó: "Como mamá sí puedes hacer todo, pero no todo al mismo tiempo".

Esta sensación de no ser perfecta o de no lograr todo es una culpabilidad falsa, porque proviene de cosas que no tienen que ver directamente con nosotros y nuestros valores.

Si en alguna ocasión te sientes así, detente y observa esta culpabilidad: ¿es más importante una manualidad o pasar tiempo con tu hijo? Si es la manualidad, te seguirás sintiendo culpable por no ser la mamá perfecta que todos esperan. Acuérdate de que lo más importante es dedicarle tiempo de calidad y tú estar feliz y saludable emocionalmente para ellos.

¿Qué hacer cuando sentimos esta culpabilidad falsa? Primero obsérvala: ¿de dónde viene? ¿Es una creencia tuya? ¿Es la voz de tus padres cuando eras chica? Cuando examinamos las sensaciones y emociones desagradables tienen menos duración. Haz consciencia de que no estás siendo mala madre, que tus hijos no necesitan que seas perfecta y que ese sombrero prefieres dejarlo para darle fuerza a los demás que sí estás malabareando.

¡Date chance! Sé empática y compasiva contigo misma, no puedes ser perfecta en tantas cosas, no eres superhéroe y nadie espera que lo seas. Acepta tus debilidades, aquello en lo que no eres buena, y pide apoyo, soporte y ayuda. Está bien no ser buena en todo, haz las paces con eso.

- Si no sabes cocinar, busca a alguien que lo haga bien.
- Si no te atraen las manualidades, busca otras actividades que te guste hacer con tus hijos.
- Si no sabes hacer pasteles, compra uno en una pastelería.
- Si te aburre jugar con tus hijos, haz una lista de actividades que sí te entretengan.
- Si no te gusta hacer trenzas en el pelo, acepta que las haces mal o peina a tu hija de otra manera.

Ahora, si te das cuenta de que tu culpabilidad es real, responsabilízate y no asumas la postura de víctima. La victimización va de la mano de la culpabilidad: "No puede ser, soy la peor mamá del mundo", y muchas personas se quedan atrapadas en ese papel, flagelándose. Acéptalo: "La neta, la regué y me siento mal por esto".

Seguro te preguntas: ¿qué tengo que hacer? ¿Cómo puedo hacer las cosas diferentes? Haz una sencilla reflexión y obsérvate; al hacer esto lo haces consciente y te responsabilizas. Entonces, vas, pides perdón y sigues adelante, buscando nuevas formas para abordar las situaciones futuras.

Te recomiendo que te observes cuando sientas cualquier tipo de culpa y responde: **¿esta culpabilidad que siento es falsa o verdadera?**

La culpabilidad es una emoción más y, como tal, si la observas, aceptas y trabajas en cambiarla, automáticamente se va; pero si continúas negándola y alimentándola, se hace cada vez más grande y termina volviéndote loca.

Ahora bien, la culpabilidad que sienten los padres tiene mucho que ver con el hecho de no querer que sus hijos sientan frustración. Por ello intentan ayudarlos y protegerlos lo más que puedan; muchas veces de forma excesiva y hasta haciendo cosas que no quieren o no les gustan, como hornear un pastel o jugar con manualidades. Se entregan tanto a sus hijos que dejan de vivir, y la verdad es que termina siendo desgastante y se llegan a sentir desleales a ellos mismos. La culpabilidad causa mucha frustración y esto me lleva al siguiente tema.

LA FRUSTRACIÓN

La frustración es una palabra que escuchamos mucho:

"Mi hijo no tiene tolerancia a la frustración".

"Mi hija se frustra y se pega".

"Yo me frustro más cuando él se frustra".

La mayoría de nosotros venimos de una educación represiva: éramos controlados solo con la mirada y no deseamos repetir esto con nuestros hijos, ya que estas estrategias causan miedo y sufrimiento. En este esfuerzo de querer hacer las cosas diferentes acabamos yéndonos al otro extremo y terminamos aplanándoles el camino y resolviéndoles todo, porque la frustración es una emoción desagradable y no queremos ver sufrir a nuestros hijos. Muchas de las quejas que recibo en consulta es que los niños no tienen tolerancia a la frustración. En los primeros años de vida esto es esperado, ya que su cerebro todavía no ha logrado esa autorregulación y esa madurez. Por un lado, esta es la explicación científica, pero, por el otro, veo a muchos papás que le han quitado a sus hijos las oportunidades de la vida para frustrarse. Para tolerarla, el niño necesita sentirla y experimentarla. Si siempre se la evitan y nunca la siente, no tendrá los recursos para resolverla. El resultado es que el niño adquiere muy poca habilidad, pocas herramientas y cualquier minifrustración la siente más de lo que es. Cuando los papás le dicen que "no", ellos lo acaban sintiendo como el fin del mundo. Y en estos primeros años de vida, los papás son co-reguladores de sus emociones, son los únicos que pueden ayudarlos a manejar y regular sus emociones.

Pero la situación se ha vuelto tan grave que tenemos adolescentes y adultos que no saben autorregularse, porque nadie los ayudó ni les enseñó cómo hacerlo, y pueden llegar a ser agresivos si sus necesidades no son resueltas o si se les dice que no.

Y no solo ocurre en los niños y jóvenes, también muchos adultos no saben cómo enfrentarse a las circunstancias de la vida y se frustran. El ritmo desenfrenado del mundo ha llevado a la gente a querer todo ¡para ahorita!, y cuando no lo obtienen, ¿adivina qué pasa? ¡Exacto! Se frustran y explotan. Entonces, imagínate, si el papá tiene poca tolerancia, ¿qué tolerancia tendrá el hijo? Seguro mucho menos.

El niño chiquito necesita sentir frustraciones chiquitas, para que cuando sea grande tenga herramientas para abordar las grandes. Obviamente no me refiero a dejarlo horas llorando para que tolere la frustración. Me refiero a apoyarlo y dejarlo sentirla en su día a día.

Como adultos no sabemos cómo autorregularnos de una manera asertiva, ya que muchos aprendimos a hacerlo mediante la distracción, minimizando nuestras emociones e incluso bloqueándolas y reprimiéndolas. Las guardamos en una cajita dentro de nosotros, no las canalizamos ni las descargamos ni las trabajamos y terminamos enfermándonos. Por eso es que existe tanta gente con colitis, gastritis, reflujo, problemas digestivos y ataques al corazón, por nombrar algunas enfermedades. Es allí donde el autocuidado cobra aún más relevancia.

AUTOCUIDADO

Lo más, más, más importante en la maternidad y paternidad es el autocuidado. Junto a tu pareja eres responsable del cuidado de otro ser humano; por eso es importantísimo, y no me canso de decirte, que debes cuidarte a ti mismo. ¡No te dejes a un lado! *Necesitas cuidarte para poder cuidar del otro.* Tatúatelo en la mente. El autocuidado es el primer paso en la crianza de tu hijo.

Amo una frase de Anamar Orihuela que dice: "Una mujer que no es buena madre de sí misma nunca será una buena madre de nadie más". Tiene toda la razón, necesitamos velar por nosotros mismos antes de cuidar al otro.

Erróneamente existe la creencia de que si nos cuidamos estamos siendo egoístas. Y sí, necesitamos ser egoístas para estar bien para el otro. Cuando logramos atendernos, somos estables emocionalmente y nos sentimos bien. Si te sientes bien, tu hijo va a estar bien. Los niños tienen una capacidad mágica de leernos y de analizar nuestro lenguaje no verbal por supervivencia.

Cuando nosotros no estamos bien, aparte de que nuestros hijos lo perciben, estaremos más desconectados emocionalmente de ellos, les pondremos menos atención y esto va a resultar en peores comportamientos para llamar nuestra atención y buscar nuestra conexión.

Si tu hijo te percibe tranquilo, descansado, sin estrés, eso es lo que va a sentir; si te percibe alterado, estresado y reactivo, esto le va a causar inseguridad y nervios. Y se va a contagiar de tu emoción.

El contagio emocional

En nuestro cerebro, específicamente en la corteza prefrontal, se alojan unas neuronas llamadas "neuronas espejo", de las cuales te platiqué en otro capítulo. Estas son responsables de espejear las emociones del otro. Mediante ellas nos conectamos con los demás. Estas neuronas actúan y nos hacen sentir empatía hacia el otro. Mis neuronas espejo se conectan contigo y me contagio de tu emoción y de lo que estás sintiendo.

Este efecto también se da en los niños. El cerebro del niño empatiza principalmente a través de tu mirada. Si estás calmado durante el berrinche de tu hijo, su cerebro se contagia de esa calma, pero si le gritas y te enojas, sus neuronas espejo reciben el mensaje y se imagina igual de enojado. Acaba siendo una desastrosa bola de nieve: él está enojado, tú te enojas y él se enoja más.

Entonces, la forma en que te sientes va a contagiar a las personas a tu alrededor, por eso es importante que te cuides y trabajes en ti. Necesitas darte tiempo realizando actividades que te hagan sentir bien. Es un estilo de una vida, no una acción de un solo día.

Si no duermes bien, no comes bien, no te bañas, constantemente estás desesperado o tienes baja energía, no hay manera de que puedas ser un buen papá o una buena mamá. Siempre estarás reactivo y explosivo. Fíjate en los días que estás más cansado: son aquellos cuando tu hijo hace más berrinches y eso ocurre porque estás desconectado de él.

Sé que a veces no se nos ocurren actividades que podemos hacer para cuidarnos, por eso te dejo aquí algunas ideas que puedes empezar a hacer:

1. *Bañarte*: es muy importante que te bañes, por dos razones, además de la higiene: para sentirte más fresca y renovada. El baño te da una sensación de limpieza, de liberación, de que te quitas un peso de encima.

2. *Dormir de 7 a 9 horas*: no dormir descontrola el reloj interno del ser humano y puede causar problemas si se mantiene por mucho tiempo, como aumento de peso, depresión, enfermedades, poco criterio de decisión y temperamento reactivo. De hecho, en otra época era utilizado como método de tortura.

¿Sabías que el 46% de los papás con hijos menores de 18 años duerme menos de 6 horas por noche?

Los adultos necesitamos entre siete y nueve horas para lograr una óptima recuperación.

3. *Ir al baño sin niños*: déjalo encargado con alguien o míralo desde el baño. Sé que es difícil, sobre todo cuando son más chiquitos, pero trabaja en alguna estrategia que te permita darte ese tiempo para ti.

4. *Tomarte un café o un té*: ¡caliente! Estos rituales tan nimios hacen que nuestro día mejore. Te aseguro que este pequeño respiro te ayudará a enfrentar mejor las siguientes horas.

5. *Hacer ejercicio*: escoge el que más te guste y hazlo mínimo 15 minutos al día. El ejercicio secreta endorfinas, que son las hormonas de la felicidad, y energía para lidiar con las situaciones cotidianas. Además te hace sentir empoderada. También mejora tu humor y tu vida sexual. Los beneficios para la salud y el bienestar son innumerables.

6. *Meditar*: no te pido que te vuelvas un monje budista, pero empezar tu día sentándote en silencio por unos minutos te ayudará mucho en tu equilibrio emocional.

7. *Tener momentos a solas con tu pareja*: la conexión con tu pareja es importantísima. Son un equipo y necesitan sentirse apoyados mutuamente. Después de los hijos, puede ser que se pongan en segundo plano, así

que te recomiendo que organicen mínimo una vez a la semana un espacio para ustedes tipo *date night*; no es necesario salir de casa si no pueden. El objetivo es que platiquen y convivan solos. Traten de evitar hablar sobre los niños. Procúrense como pareja.

8. *Tener relaciones con tu pareja*: recuerda que antes de ser papás eran pareja. No descuiden su intimidad, debido a que ayuda mucho a la conexión y fortalece el vínculo entre ustedes.

9. *Procura a tus amistades*: las amistades son muy importantes, ya que nos mantienen felices y sanos. Sal con tus hermanos, amigos y compañeros de trabajo.

10. *Ten un grupo de apoyo materno*: ¿has escuchado la frase "para criar a un niño hace falta una tribu"? Pues hemos perdido el sentimiento de clan, por eso ayuda que tengas un grupo de mamás en tu misma situación, con quienes puedas platicar y desahogarte sobre lo que te está pasando. Muchas veces con tus amigas puede ser difícil, y más si no están pasando por lo mismo o no están en la misma etapa de vida. Necesitas personas que empaticen contigo.

11. *Diviértete*: el juego es un elemento que forma parte de la naturaleza humana. Busca hobbies y momentos de diversión, juegos de mesa y de cartas, lee, ve series o películas, acude al cine, cena con amigos, ve a un bar o lo que se te ocurra que te guste.

Son muchas las cosas que puedes hacer que te ayudan a desconectarte y divertirte, además de mantener la mente hábil y activa. Tal como señala Diane Ackerman: "Jugar es la forma favorita de nuestro cerebro para aprender".

Antes de ser mamá o ser papá, eres una persona y *no te olvides de ti.*

AUTOMENTALIZACIÓN

Te quiero pedir que hagas un pequeño ejercicio para que empieces a reconocer tus propias reacciones y respuestas a los comportamientos de tus hijos. Como ya te platiqué, tú eres la herramienta principal en la crianza de tu hijo, y antes de lidiar con él y con sus comportamientos, tenemos que echarnos un clavado en nosotros mismos.

Es imposible que te des cuenta de tus reacciones si no te conoces. Vamos a partir de la premisa de que crías como te criaron. ¿Listo?

Encuentra un lugar tranquilo donde nadie te interrumpa, busca lápiz y papel, con música tranquila si quieres, y responde las siguientes tres preguntas. Lo puedes hacer también reflexionando sin escribir. Lo primero que venga a tu mente es ideal, aunque no tenga sentido, obsérvalo.

1. ¿Cómo fue tu infancia?

Detalla: ¿con quién vivías? ¿Dónde vivías? ¿Con quién dormías? ¿A qué escuela ibas? ¿Cómo te ibas al colegio? ¿Cómo eran las tardes en tu casa? ¿Cómo eran los fines de semana? ¿A qué te gustaba jugar? ¿Cuáles eran tus hobbies? ¿Cómo eran las actividades que realizabas? Trata de recordar lo más que puedas de tu infancia, tu familia y tus experiencias.

2. ¿Cómo reaccionaban tus papás en momentos de estrés?

Cuando tú te estresabas, ¿qué hacían tus papás? ¿Te regañaban? ¿Quién te regañaba? ¿Más tu mamá? ¿Más tu papá? ¿Alguna vez te pegaron? ¿Cómo era el humor de tus papás? ¿Se enojaban fácilmente? ¿Gritaban? Cuando estabas enfermo, ¿quién te cuidaba? Cuando te portabas mal o hacías una travesura, ¿cuáles eran los castigos o las consecuencias que se aplicaban en tu casa? ¿Tus papás eran más de regañarte y pegarte, o más de ignorarte y dejarte solo? Intenta acordarte de alguna travesura o de alguna vez que los desobedeciste y de la forma en la que ellos reaccionaron.

3. ¿Qué reacciones tienes parecidas a las de tus papás?

Cuando tu hijo está haciendo un berrinche, ¿cómo reaccionas? ¿Te enojas como tus papás? ¿Lo ignoras como tus papás lo hacían contigo? ¿Qué cosas te has cachado repitiendo igual que tus papás? ¿Qué frases que decían tus papás las repites tú? Trata de recordar alguna reacción igual a la de tus padres.

Tendemos a criar como nos criaron, así que muchas veces repetimos patrones de nuestros propios padres. Es muy importante que, como cuidador, te observes y conozcas tus conductas, reacciones y necesidades en el momento en que se estresa tu hijo, principalmente durante un berrinche. Quiero que ahora reflexiones sobre lo siguiente:

¿Cuáles son las conductas estresantes de tu hijo que más te afectan? (puede ser cuando se queja, cuando grita con todas sus fuerzas, cuando se pone necio o te está retando).

¿Qué es lo que más te molesta de tu hijo?

¿Qué te saca de tus casillas?

¿Qué te provoca su conducta?

¿Te dan ganas de gritarle o pegarle?

¿Te dan ganas de ignorarlo, mandarlo a su cuarto o salir corriendo?

¿Quieres resolver rápidamente el problema
y ya dejarlo atrás?

¿Te dan ganas de minimizar el problema?

¿Quieres abrazarlo, quitarle todo el sufrimiento
y la frustración?

Y, por último, quiero que reflexiones cómo tus reacciones pueden afectar tu relación con tu hijo. Puede ser que le estés quitando toda la frustración al eliminar el malestar inmediatamente, que lo estés ignorando y estés dañando su batería emocional, o que lo estés agrediendo con tus gritos y nalgadas. También puede ser que lo estés sobreprotegiendo o no le estés poniendo suficientes límites. Empieza a observar esto, porque conocerte, principalmente en los momentos de estrés de tu hijo, hará que el trabajo de ser mamá o papá sea muchísimo más fácil. Acuérdate de que al cacharte puedes prevenirlo.

Antes de adentrarnos en la automentalización, debemos entender su raíz: la mentalización.

Mentalizar es un término que acuñaron Peter Fonagy y May Tager, y se refiere a la capacidad que tenemos como seres humanos de interpretar el comportamiento del otro, atribuyéndole estados mentales. En otras palabras, es la capacidad de "leer la mente" del otro. Cuando yo veo que te dan un helado y sonríes, pienso: "Ah, le gusta el helado de chocolate", o si alguien abre su celular y pone cara de susto, seguro dices: "Algo pasó". Le estás atribuyendo estados mentales: le gustó y se asustó.

Esta capacidad la vamos desarrollando desde nuestros primeros días de vida y se logra establecer casi por completo entre los 4 y 6 años. A esa edad los niños mentalizan casi igual de bien que los adultos, y eso significa que se percatan del significado de las caras que pongas, los gestos que hagas o si estás triste, preocupado, si no te gustó algo o si te encantó.

Mentalizar es una función que utilizamos constantemente, ya que somos seres sociales y vivimos en sociedad. Por su parte, los padres mentalizan a sus hijos y son capaces de leer sus estados emocionales: qué están sintiendo, qué pueden estar pensando, imaginando o recordando. Entonces, como mamá o papá, puedes leer las necesidades de tu hijo y suponer las razones por las que se comporta de una manera en particular. Por ejemplo, cuando visitan al pediatra y entran al consultorio, se pone a llorar y tú deduces que se acordó de que lo vacunaron la última vez que fueron a consulta, y le dolió. O si a tu hijo se le están cerrando los ojos, mentalizas que tiene sueño y está cansado. Esta habilidad acude a nosotros de manera automática. Somos muy buenos para leer la mente de las personas frente a nosotros. Pero debes estar atento de no caer en la deducción incorrecta. Muchas veces, debido a nuestras creencias, mentalizamos a nuestros hijos incorrectamente. Si tu hijo antes de dormir se pone a hacer un berrinche, podemos deducir dos cosas:

A. Ya me tomó la medida
B. Está cansado

Si conocemos a nuestro hijo y estamos al tanto de sus reacciones la deducción correcta sería la segunda, sabemos que su berrinche está expresando el cansancio. Pero si creo que mi hijo me tomó la medida y quiere salirse con la suya, voy a deducir incorrectamente que eso es lo que quiere lograr con su berrinche y voy a reaccionar acorde con mi deducción.

Es muy fácil hacerte toda una idea mental que en realidad no es. Depende de ti y de qué tanto conozcas a tu hijo, cuánto sepas sobre su desarrollo cerebral y sobre la etapa de desarrollo en la que se encuentra, cuánto tiempo pases con él y que reconozcas sus reacciones y lo que te quiere comunicar con su comportamiento. Si no, puedes pensar que tu hijo tiene estos comportamientos para manipularte, fregarte, molestarte, rechazarte o hacerte sentir mal. Tu hijo no te está haciendo nada a ti, tú te estás tomando personal su comportamiento.

Podemos ver e interpretar todas las situaciones por los dos lados. Por ejemplo:

Lorea está desesperada porque Tania, su bebé de 8 meses, no la deja sola ni un minuto, Lorea se va y Tania llora.

Hay dos maneras de leer esta situación:

A. Tiene mamitis y me está manipulando para que no me vaya.

B. Está pasando por la angustia de separación y que yo me aleje le provoca ansiedad.

Con la crianza conductual, Lorea puede deducir que la primera es correcta. Pero con la crianza emocional ya sabe que lo que le pasa a Tania es la segunda opción; esta es la mentalización correcta y de esta manera logra ser más empática, compasiva y atiende sus necesidades. Si mentalizara la primera, la regañaría, castigaría y entraría en una guerra de poder; con la segunda puede rellenarle su batería, darle tranquilidad y confianza.

La *automentalización* es la capacidad de identificar las emociones y pensamientos en nosotros mismos. Es común que cuando cuidas a otra persona, principalmente a un hijo, pases por procesos emocionales y mentales provenientes de tu propia crianza. Sentir enojo, frustración, cansancio extremo, *burn out,* culpa, indiferencia, vergüenza, lástima o querer un *break* son todas emociones válidas. No te pelees con ellas, solo acéptalas y trabaja en ellas.

Los beneficios de la automentalización son:

1. Tienes la capacidad de diferenciar tus emociones de las de tu hijo, porque muchas veces crees que está de malas, pero eres tú quien de verdad se siente así.
2. Sabes autorregular tus propias emociones. Para poder regular las suyas tienes que ser capaz de organizar las tuyas primero.
3. Te conoces mejor. Sabes cuándo estás a punto de explotar y podrás manejar las emociones con anticipación y evitar reacciones negativas.
4. Evitas darle atribuciones negativas o incorrectas a su comportamiento, emoción o acción. Por ejemplo: "Lo hace para manipularme", "Me tomó la medida" o "Es un malcriado".
5. Reconoces sus verdaderas emociones y necesidades durante un berrinche.

Cuando te automentalizas puedes conocerte mejor en los momentos de estrés y en los berrinches de tus hijos, y así serás capaz de controlarte. Tendrás la capacidad de saber cómo eres, cómo reaccionas, qué te molesta y qué cosas hace tu hijo que te sacan de quicio. Al conocerte puedes controlarte, autorregularte, regularlo a él, rellenarle su batería y explicarle lo que pasó y lo que sintió, para que logres mayor conexión con él y regulación emocional, que es el objetivo final que pretendemos alcanzar.

Cuando un cuidador principal pierde el control, grita, amenaza, pega, ignora o reacciona de una mala manera, los niños pueden sentirse mal, ya que no entienden bien qué está pasando con sus padres. Pueden sentirse no queridos, culpables, asustados o inseguros emocionalmente. Los niños todo el tiempo se enfrentan a situaciones que los hacen estresarse y hay que procurar que, como papás, no seamos una fuente extra de estrés y malestar emocional.

Regulación emocional

Para poder regular a nuestros hijos primero necesitamos regularnos nosotros. Es muy importante que logremos esto para que seamos capaces de hacerlo de una manera asertiva.

Cuando somos adultos hay muchas variables que influyen en nuestra capacidad de regularnos emocionalmente: el conocimiento de diferentes estrategias de regulación, los objetivos que queremos conseguir al regularnos, la atención que le ponemos a nuestras propias emociones, nuestras expectativas con la regulación, nuestro estilo de apego, nuestra personalidad, nuestra autoestima y nuestro género.

El psicólogo español Gonzalo Hervás definió un modelo consistente en seis pasos para lograr la regulación emocional.

Paso 1. *Apertura emocional:* es la capacidad que tenemos para ser conscientes de nuestras propias emociones. Qué tan abiertos estamos para conocernos y para darnos cuenta de lo que estamos sintiendo.

Paso 2. *Tensión emocional:* se refiere a cuánta atención y cuánta consciencia le ponemos a nuestras emociones.

Paso 3. *Etiquetado emocional:* es la capacidad que tenemos para nombrar las emociones y hacerlo de manera correcta.

Y aquí es donde muchas personas fallan, sobre todo con lo que se refiere al enojo y la tristeza, porque se suele confundirlos mucho. Si aprendemos a identificar nuestras emociones, tendremos mejor control sobre ellas y las manejaremos de mejor forma.

Paso 4. *Aceptación*: no hay que juzgar negativamente lo que estamos sintiendo. Debemos reconocer que se vale tener todas las emociones. Suena fácil, pero aquí es donde nos atoramos como resultado de lo que aprendimos en nuestra propia crianza, ya que nunca nos enseñaron a estar en contacto con nuestras emociones. En vez de aceptarlas, nos enseñaron a negarlas, reprimirlas, minimizarlas, frenarlas o bloquearlas. Lo que necesitamos hacer es aceptarlas para poder lidiar con ellas.

Paso 5. *Análisis emocional*: es la capacidad que tenemos de reflexionar y entender las implicaciones de la emoción que estamos sintiendo. Aquí detectamos qué pensamientos y creencias acompañan esta emoción.

Paso 6. *Regulación emocional*: necesitamos pasar por todos los pasos anteriores para lograr el objetivo, que es la regulación emocional. Esta es la capacidad que tenemos como seres humanos de modular nuestra emoción usando diferentes estrategias, ya sean cognitivas, como ponerle nombre a las emociones; fisiológicas, como respirar, o conductuales, como mover el cuerpo.

Normalmente, como adultos regulamos nuestras emociones de manera negativa. Si experimentamos ansiedad, comemos más. Si estamos enojados, nos peleamos contra el mundo. Si sentimos tristeza, la reprimimos.

Si tienes pésimas estrategias de regulación emocional perderás el control, reaccionarás terriblemente y eso es lo que le enseñarás a tu hijo. Recuerda que es lo que va a absorber e imitar y si logras autorregularte él aprenderá a regular sus propias emociones. *No puedes dar lo que no tienes.*

PARTE CUATRO
Ahora sí... berrinches

Entender a mi hijo para poder ayudarlo

7

Berrinches… ¡ayúdame!

Ámame cuando menos lo merezca,
porque será cuando más lo necesite.

ANÓNIMO

—Michelle, necesito que me ayudes. Mi hijo de 10 meses me está volviendo loca —me comenta Marisol durante una consulta.

—Cuéntame, ¿qué está pasando?

—Cada vez que Miguel llora, lo cargo y deja de llorar, y cuando lo vuelvo a meter en su cuna, otra vez se pone a llorar. Intento ignorarlo, pero empieza a patalear y a gritar más fuerte. No sé qué hacer. Estoy segura de que me está manipulando para que siempre lo esté cargando.

¿Tú crees que Miguel está manipulando a Marisol? Vamos a verlo.

Voy a empezar el capítulo desmintiendo algunas creencias y mitos acerca de los berrinches que tenemos muy arraigados en nuestra sociedad y en nuestra cultura. Se piensa equivocadamente que los niños hacen berrinches a propósito, para molestar a sus papás y salirse con la suya. Veamos los cinco mitos más comunes.

Mito 1: "Los berrinches son de niños malcriados"

En mis talleres siempre pregunto: "¿Ustedes creen que los berrinches son de niños malcriados?", y en una ocasión una mamá me contestó: "Antes de ser mamá sí creía que los berrinches eran de niños malcriados. Iba al súper, estaba en un avión o en cualquier otro lugar y cuando veía a un niño haciendo un berrinche siempre pensaba que su mamá no lo estaba educando. Pero cuando tuve hijos me di cuenta de que ¡no!, todos los niños hacen berrinches".

Ciertamente, los berrinches no son de niños malcriados, los hacen todos los niños. Algunos en mayor o menor grado, a mayor o menor intensidad porque depende mucho del temperamento de cada niño, pero los berrinches en general son parte del desarrollo natural del niño.

Mito 2: "Los berrinches se dan en los terribles dos"

Aquí hay dos mitos involucrados. Primero, quiero desmentir que esta edad es terrible. Sé que en muchos libros nombran como "los terribles dos" a esta etapa del desarrollo del niño en la que se dan muchos cambios psicológicos y neurológicos. Es en esta fase donde los niños sufren drásticos cambios de conducta y de humor.

Ciertamente se producen muchos berrinches durante este periodo, pero no es terrible, ¡es increíble!, ya que es una etapa en la que su cerebro está pasando por muchos cambios y tenemos que entender que es normal que hagan berrinches.

El segundo mito es que los berrinches no empiezan a los 2 años; de hecho, comienzan aproximadamente al año o año y medio de edad. También en esta etapa los niños empiezan a retar a sus padres, a decir que no, a ser muy rígidos, inflexibles y más agresivos. Todo esto se da porque cerebralmente están teniendo más terminaciones nerviosas y los niños están buscando su independencia, se están separando de ti. El *toddler* (palabra anglosajona que viene de *toddle,* que significa "caminar inestablemente") está en busca de su propio espacio para ser él mismo, y por su inmadurez usa las peores estrategias para hacerlo.

Muchas mamás me marcan preocupadas para decirme:

—Si es así al año y medio, no me puedo imaginar qué va a pasar a los dos, tres o cuatro años. ¡Ayuda!

Yo las tranquilizo diciéndoles:

—Relájate, ya que, si desde ahorita empiezas a tener estrategias y a enseñarle a regularse, podrás ayudarlo en cada etapa de su desarrollo.

Mito 3: "Para que aprenda, voy a ignorar su berrinche"

Ignorar a alguien, además de que es una acción pasivo-agresiva, no funciona. Es una creencia que viene desde nuestros abuelos, y te tengo una noticia: cuanto más lo ignores, mayor será su berrinche.

Sandra, de 15 meses, le hizo un berrinche a Pepe mientras comían y él la ignoró por completo, pensando que de esa forma se iba a callar; pero ella, al sentir la frustración de que su papá no le ponía atención, buscó otra estrategia y empezó a aventar la comida al piso.

Al ver esto, Pepe le gritó furioso. El cerebro de Sandra procesó: "¡Ah!, si lloro, no me pela; pero si aviento la comida, me pone atención". En los siguientes días Sandra ya no perdía el tiempo llorando, ya directamente aventaba la comida, porque entendió que esa es la forma en que su papá le pone atención. Y para los niños la atención negativa es mejor que ninguna atención.

¿Ves lo contraproducente que resulta ignorar? Porque el mensaje que le das es: no eres lo suficientemente importante, necesitas hacer más para ganarte mi atención y no voy a atenderte cuando me necesites.

Tu hijo va a hacer lo que esté en su poder para que tú le rellenes su batería, y normalmente las estrategias que usa son malos comportamientos, llantos, gritos, mordidas, pegar, pegarse, aventarse, etcétera.

Mito 4: "Me va a tomar la medida"

Muchas personas creen que si atienden el berrinche, su hijo les tomará la medida y entonces constantemente lo hará para llamar su atención. Y justo aquí lo que está necesitando el niño es que sus cuidadores le pongan atención y conecten con él. El mensaje que debe recibir tu hijo es: "Cuando me necesites, sea lo que sea, yo voy a estar ahí para ti", y es a partir de aquí donde se genera la confianza en sus cuidadores.

Que la medida que te tome tu hijo sea que sepa que cuando te necesite tú vas a estar ahí, independientemente de su comportamiento o acción.

Mito 5: "Mi hijo hace berrinche para manipularme"

¡Uff, ni te imaginas las veces que he escuchado esta frase! ¡Esto es un mito! Los niños no manipulan a sus papás, a estas edades no tienen la capacidad de manipular, ya que su cerebro sigue muy inmaduro y no tiene todavía todas sus conexiones neuronales. Es como si le pidieras a tu hijo que multiplique. ¿Es capaz? No, no es. Tampoco puede manipularnos, porque para manipular tiene que hacer un proceso cognitivo y su cerebro no está formado en estos primeros años de vida. El niño no puede manipular antes de los cuatro, cinco o hasta seis años. Esto es un mito, así que quédate tranquilo: si tu hijo tiene menos de cuatro años no te manipula. Y si tu hijo tiene más de cuatro años probablemente su berrinche o su comportamiento no sea en tu contra ni para salirse con la suya. Lo más probable es que tenga alguna emoción que no sabe cómo expresar ni regular.

BERRINCHES: LA PALABRA MÁS TEMIDA

Cuando escuchas la palabra *berrinche*, ¿qué sientes? ¿Te asusta? ¿Te produce ansiedad? ¿Te da miedo? ¿No sabes qué hacer?

La palabra *berrinche* tiene una connotación emocional y no tan positiva. Seguro que cuando la escuchas siempre imaginas lo peor, que tu hijo te hace pasar el peor oso enfrente de muchas personas o que su berrinche va a ser tan grande que no podrás manejarlo.

En lo personal, a mí me gustaría cambiar la palabra *berrinche* pero, en fin, es un término de uso cotidiano y que todos lo entendemos. Si fuera por mí, los llamaría "desbordes" o "crisis emocionales", ya que eso es lo que realmente son. Pero me conformo si dejan de ver los berrinches con una connotación negativa.

Los berrinches, conocidos también como pataletas o rabietas, son una crisis emocional que se produce como respuesta a una frustración o a una emoción muy intensa. Para mí, el berrinche no es manipulación ni una llamada de atención, es un descontrol emocional y cerebral; es un cúmulo de emociones desagradables (o agradables de gran intensidad) que el niño siente y no puede controlar, frenar o regular. Entonces su cuerpo toma el control de la emoción y estalla.

Esta explosión se origina porque el niño no tiene la capacidad de regularse solito, posee poca asertividad, nadie le ha enseñado qué hacer con estas emociones que está sintiendo y no tiene capacidad cerebral para regularlas. Las emociones dentro de él son muy fuertes, pueden ser desagradables e incómodas, o agradables e intensas, y él solito no las puede controlar, a menos que sus papás o cuidadores le ayuden. Sus emociones, acumuladas como un pequeño volcán emocional, necesitan ser liberadas, descargadas. No puede detener la explosión y no sabe cómo hacerlo, así que explota y lo hace sin contención ni freno. ¿Y cómo explota? Grita, llora, muerde, se pega a sí mismo, le pega a los demás, avienta la comida, raya las paredes, avienta sus juguetes, rasguña, se avienta hacia atrás, entre otras acciones. Los niños tienen las peores maneras de decirte "Ayúdame, te necesito". No pueden resolver la situación como nosotros los adultos. Contamos con muchas más herramientas que ellos.

Los berrinches no se producen así nada más; generalmente siguen estos pasos:

**El bebé siente estrés,
un malestar físico o emocional.**
↓
**La amígdala toma posesión del cerebro
y lo "incendia".**
↓
La corteza prefrontal se desconecta.
↓
El niño pierde toda capacidad de controlarse.
↓
Explota en modo de berrinche.

La frecuencia y la intensidad de los berrinches dependen mucho del temperamento del niño.

¿Y qué es el temperamento?

Temperamento

Cada persona nace con un determinado temperamento que se expresa a través de la manera en que aborda, reacciona y se siente ante interacciones y experiencias en el mundo.

ALEXANDER THOMAS Y STELLA CHESS

El temperamento es la forma en la que nosotros como seres humanos percibimos los estímulos. Nacemos con él y tiene mucho de carga genética. Por ejemplo, un niño puede ser flojo como la mamá, hiperactivo como el papá, tímido como el hermano o quizás extrovertido como la tía. Desde sus primeros días de vida es posible detectar algunas de estas características particulares. Muchos padres se dan cuenta de la diferencia en temperamentos con el segundo hijo. "El primero no dormía nada y a este lo tengo que despertar para comer" o "El mayor era hiperactivo y este es un flojo". Es la manera natural, espontánea e instintiva de ser. Las experiencias en la vida forman su personalidad, pero el temperamento es un componente con el que ya nace, que hereda de su genética.

Hay bebés que nacen más o menos sensibles a los estímulos que los demás. Hoy en día se escucha mucho sobre la integración sensorial, más específicamente del desorden de procesamiento sensorial. Existen niños que son híper o hiposensibles a los estímulos. Imagínate que el cerebro tiene muchas ventanitas que se abren y se cierran constantemente. Cuando estás mirando tu celular tienes abierta la ventanita de atención al celular, pero tienes cerrada la ventanita de escucha del perro del vecino que está ladrando.

No centras tu atención todo el tiempo en tus calcetines o en los pantalones que traes puestos, porque no es una prioridad. Esas ventanitas están cerradas hasta que prestes atención y se abren. Normalmente, tu cerebro está concentrado en una acción particular y no se enfoca en lo demás que sucede a su alrededor.

Los niños que son *hipersensibles* traen las ventanitas abiertas todo el tiempo; son niños que despiertan en la mañana con el vaso lleno, tan saturados de estímulos que cualquier gotita de agua desborda su vaso. Tienen la incomodidad del pañal, de la camiseta, de la etiqueta, de la cobija, del ruido de la calle, del despertador de papá, de todas las decoraciones de su cuarto, y es lógico que lloren y lloren todo el tiempo, porque están sintiendo demasiadas cosas y demasiados estímulos a la vez. Sus sentidos se encuentran activados todo el tiempo. La sensibilidad viene de nuestros sentidos, y los niños pueden tener desorden de procesamiento sensorial visual, auditivo, táctil, olfativo, gusto, vestibular o propioceptivo. Los niños con hipersensibilidad olfativa no soportan los olores fuertes, como el del perfume de la tía cuando lo carga. A los niños con hipersensibilidad auditiva les molesta el ruido en una fiesta infantil, y por eso lloran. Los niños con sensibilidad táctil pueden no soportar que les cortes el pelo o las uñas o que les eches agua en la cabeza para quitar el champú. Estos son algunos ejemplos de la hipersensibilidad.

Si no son diagnosticados y no asisten a terapia pueden hacer muchos berrinches, no querer comer, ser *picky eaters* o quisquillosos para comer, ser distraídos y les puede costar trabajo aprender, porque no se concentran en lo que dice la maestra, pero sí escuchan a los niños que caminan por el patio. Es la manera en la que su cerebro organiza todas estas sensaciones y no logra cerrar las ventanitas que no está utilizando en cada momento del día.

Por otro lado, los niños que son *hiposensibles* tienen falta de reacción a un estímulo sensorial y buscan esta sensación para que su cerebro lo procese. Los niños con hiposensibilidad necesitan moverse continuamente, balancearse o girar; también es común que se golpeen mucho con las cosas, las personas o las paredes. Un niño con hiposensibilidad auditiva escucha la música o la televisión muy fuerte; a un niño con hiposensibilidad olfativa le pueden gustar mucho los olores fuertes y un niño con hiposensibilidad visual busca objetos y luces muy brillantes.

Hoy en día se ve mucho este tipo de casos cuando un papá llega desesperado a consulta: "Es que mi hijo está superberrinchudo". Y, al investigar más a profundidad, no es que el niño sea berrinchudo, es que tiene un desorden de procesamiento sensorial y lo expresa por medio de los berrinches.

¿Y cómo se resuelve? Te pido por favor que no diagnostiques a tus hijos por la pequeña explicación que les acabo de dar, pero ya que tú eres el experto en tus hijos, si algo de lo que mencioné anteriormente te hizo sentido, tómalo en cuenta. Recomiendo llevarlo a un terapeuta ocupacional especialista en integración sensorial que lo diagnostique, le dé terapia y les proporcione estrategias para aplicar en casa y en la escuela. De esta forma el niño trabajará en procesar las sensaciones y organizarlas en su cerebro y será capaz de cerrar sus ventanitas. He visto grandes avances con la terapia de integración sensorial.

Es muy importante que tomes consciencia del temperamento de tu hijo. Te voy a platicar cuáles son los componentes que lo determinan. Ve checando en qué nivel se encuentra él. No a fuerza tiene que estar en uno o el otro extremo, puede estar en toda la gráfica. Márcalo en la gráfica después de cada componente con una X o en un papel aparte. El objetivo de este ejercicio es que seas más consciente de cómo es tu hijo y conozcas más su temperamento.

Según los investigadores Alexander Thomas y Stella Chess, el temperamento humano está constituido por nueve componentes:

1. *Nivel de actividad*: es la cantidad de actividad física que realiza diariamente. Hay niños que no se cansan, aunque tengan mucha actividad durante el día; mientras que otros se cansan más y después de cualquier tarea ya quieren descansar.

   ¿Cómo es tu hijo?

   Energía baja ○ ○ ○ ○ ○ ○ ○ ○ ○ ○ ○ Energía alta

2. *Ritmos biológicos*: es la regularidad que tiene al comer, durante el sueño y la vigilia. Se asocia a la predictibilidad de las rutinas diarias; es decir, el niño sabe qué va a suceder y tú como padre cómo vas a responder. Va desde la baja predictibilidad, que son niños que les cuesta adaptarse a las rutinas o no las piden tanto, por ejemplo: "A mi hijo le vale si primero le doy de comer y después lo baño"; hasta la alta predictibilidad, que son niños que necesitan muchas rutinas para sentirse seguros y les cuesta mucho adaptarse cuando se las cambian. Por ejemplo: "Si le cambio a mi hijo la rutina llora y pierde mucho la paciencia".

   ¿Cómo es tu hijo?

   Poca predictibilidad ○ ○ ○ ○ ○ ○ ○ ○ Mucha predictibilidad

3. *Aproximación o aislamiento*: es la manera en la que reacciona a situaciones o estímulos nuevos, por ejemplo: a una nueva comida, a un nuevo juguete, a un nuevo

lugar o a una nueva persona. Va desde la aproximación, cuando se acercan a las situaciones por curiosidad y pueden actuar impulsivamente —por ejemplo, cuando un niño llega a un lugar nuevo y va corriendo a abrazar a las personas— hasta el aislamiento, cuando el niño es más precavido, espera antes de acercarse, observa, agarra confianza y ya después se acerca.

¿Cómo es tu hijo?

Aproximación ○ ○ ○ ○ ○ ○ ○ ○ ○ ○ Aislamiento

4. *Adaptabilidad*: es la capacidad de ajustarse a los cambios de rutina o cómo responde después de alguna molestia. Puede ser lento para adaptarse o se adapta fácilmente.

¿Cómo es tu hijo?

Lento para adaptarse ○ ○ ○ ○ ○ ○ ○ ○ Se adapta fácilmente

5. *Umbral de respuesta o de sensibilidad*: es la respuesta del niño frente a la información sensorial del medio ambiente: sonidos, olores, sabores, texturas u objetos. Va desde la baja sensibilidad, como en el caso de niños que se distraen fácilmente y son hipersensibles —por ejemplo, cuando pasa un avión y el niño se queda mirándolo—, hasta una alta sensibilidad, cuando los niños toleran más los cambios en el ambiente, tardan más en responder a las señales y son hiposensibles.

¿Cómo es tu hijo?

Baja sensibilidad ○ ○ ○ ○ ○ ○ ○ ○ ○ Alta sensibilidad

6. *Intensidad de las reacciones*: es la cantidad de energía que pone al reaccionar ante las situaciones. Puede ser intenso o leve. Si es intenso, llora o ríe de forma ruidosa, con mucha vehemencia en sus emociones. Cuando la intensidad es leve, reacciona sutilmente ante las mismas emociones. Puede ser un niño que llora en una esquina cuando le pasa algo.

¿Cómo es tu hijo?

Reacción intensa O O O O O O O O O O Reacción leve

7. *Estado de ánimo*: es la tendencia y disposición general a estar feliz o infeliz. Hay niños que tienen un estado de ánimo más negativo y otros más positivo.

¿Cómo es tu hijo?

Negativo O O O O O O O O O O O Positivo

8. *Distracción*: es el grado de atención que le pone o cuánto se distrae de sus actividades. Puede distraerse mucho o poco. Algunos niños se concentran fácilmente al hacer una torre de cubos, mientras que a otros solo les dura unos minutos la atención y quieren pasar a otra actividad distinta.

¿Cómo es tu hijo?

Mucha distracción O O O O O O O O O Poca distracción

9. *Persistencia*: es la habilidad de seguir haciendo algo a pesar de las distracciones, de las interrupciones y de sus frustraciones. Va de niños poco persistentes a

niños muy persistentes. Por ejemplo, un niño que al colocar una estrella en el juego de figuras geométricas ve que no encaja, sigue intentándolo hasta que encuentra el espacio donde cabe la figura, es un niño muy persistente. Por otro lado, cuando un niño con un solo intento fallido avienta la estrella y deja de jugar, es un niño poco persistente.

¿Cómo es tu hijo?

Poca persistencia ○ ○ ○ ○ ○ ○ ○ ○ ○ Mucha persistencia

Con esta información ya puedes determinar cuáles son los rasgos predominantes en el temperamento de tu hijo, cómo tiende a comportarse, cómo percibe los estímulos externos e internos, cómo se siente y cómo reacciona frente a diferentes situaciones. Descifrar cómo es el temperamento de tu hijo te dará una comprensión más profunda de sus necesidades y entenderás mejor su comportamiento.

Cambios importantes en su desarrollo

Ya te comenté que los berrinches comienzan aproximadamente al año y medio, y coinciden con una serie de cambios que van produciéndose en la psique del niño. Les pasan muchos cambios, pero yo me quiero enfocar en tres.

El primer cambio importante es la *marcha*. A medida que el cerebro empieza a hacer conexiones neuronales se produce una serie de cambios en el bebé; uno de ellos es que va adquiriendo habilidades al gatear y después al caminar, porque sus extremidades inferiores se están fortaleciendo. Con la habilidad adquirida de caminar entran a lo que comúnmente conocemos como "toddler". En esta etapa buscan individualizarse de mamá y papá, y ser personitas independientes.

A partir de ahí se abre ante él todo un mundo lleno de experiencias gracias al control de movilidad que adquiere. Caminar por su cuenta, sin necesidad de mamá y papá, le da una libertad que no tenía antes. Aquí inicia una lucha interna de individualización, porque se siente independiente ya que puede hacer algunas cosas que antes no podía, pero se enfrenta con que sigue siendo dependiente de mamá y papá, y tiene que seguir acatando sus reglas. Por ejemplo, una regla puede ser "no entres a la cocina"; él, físicamente, puede entrar, pero no lo dejan y lo restringen. Quiere ser autónomo pero sus cuidadores le ponen límites y le dicen que no, así que se enoja y se frustra porque se encuentra en esta lucha entre la dependencia y la independencia, y entre "estoy luchando por mi autonomía e individualización y me siguen frenando".

El segundo cambio es el *nivel de agresividad*. Si yo te preguntara cuál es la etapa de mayor agresividad en el ser humano, ¿qué contestarías? Probablemente dirías que es la adultez o la adolescencia, pero no es ninguna de las dos. De acuerdo con Tremblay, en el ser humano la etapa de mayor violencia es entre los 17 y 30 meses, siendo su pico máximo de agresión a los 24 meses. ¡Sí, tal cual! Es por esto que los berrinches a estas edades vienen acompañados de mucha agresión: se pegan, se muerden, se avientan para atrás, jalan el pelo, pegan, muerden, etcétera.

El niño se frustra, no sabe cómo regularse y su cerebro emocional, que es más primitivo, reacciona sin tener la madurez y sin que su cerebro superior lo frene.

Si durante esta etapa tu hijo pega, llora, grita, avienta, se lastima, muerde, ¡es normal! Está en la etapa en la que por naturaleza es más agresivo.

Ahora, es bien importante que prestes atención a lo siguiente. Si en el momento en que tu hijo está siendo agresivo alimentas su agresión, se puede convertir en una persona violenta, porque violencia genera más violencia. Si tu hijo hace un berrinche y te pega, y tú le pegas de regreso, el mensaje que le das a su cerebro es "esta es la manera de solucionar los problemas"; entonces la agresión aumenta y puede volverse violento. Pero si, por otro lado, actúas con calma, firmeza y tranquilidad, le das herramientas y lo ayudas a bajar esos niveles de agresión.

El tercer cambio es la *adquisición del lenguaje*. Para entender el lenguaje hay que verlo como una pirámide que está constituida por cuatro niveles. Gracias infinitas a la terapeuta de lenguaje Marisa Gómez que me ayudó a entender esto de una mejor manera para poder expresarla aquí con tanta claridad.

Esta es la pirámide del lenguaje:

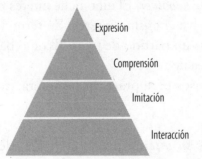

La base de la pirámide es la *interacción social*, ya que somos seres sociales. La interacción con el otro es lo que primero se necesita para poder desarrollar el lenguaje. Lo principal para la adquisición del lenguaje es la interacción con sus cuidadores. El niño necesita primero escuchar para poder hablar. Un niño no aprende a hablar si, por un lado, no se relaciona con los demás y, por el otro, no le hablan. El segundo escalón es la *imitación*, y empieza cuando el bebé imita gestos y acciones y después sonidos, palabras y frases. El tercer escalón es la *comprensión o el* input *lingüístico*, que es cuando el niño ya logra comprender el lenguaje, las funciones de los objetos y los conceptos.

El cuarto y final es la *expresión del lenguaje*. Es por eso que muchas veces tu hijo ya sabe qué te quiere decir, pero no ha llegado al cuarto escalón cuando logra expresarse, así que se frustra y hace berrinche. Lo más difícil para un niño es expresarse, ya que para que hable necesita fortalecer sus músculos orofaciales, que son los responsables del habla. Además, requiere mucha coordinación fina para mover la boca y la lengua de un lado a otro y determinar con qué velocidad saca el aire. Aunque el niño ya sabe lo que quiere, físicamente no cuenta con el desarrollo para hablar. Y cuanto menos lenguaje haya, más agresión física habrá.

Hablando de la interacción social quiero aprovechar para platicarte sobre algo que la Universidad de Harvard describe como *servir y devolver*. El niño tiene interés por algo y el adulto le devuelve el mismo interés. En términos sencillos es como si fuera un partido de tenis. El niño balbucea y su papá le balbucea de regreso.

Hay cinco pasos para practicar las interacciones de *servir y devolver*:

1. *Comparte su interés*: presta atención, devuélvele el mismo interés que él tiene ante las cosas.
2. *Apoya y anima*: responde con una palabra alentadora como "muy bien" o "gracias" o con una expresión facial, gesto o movimiento. Al jugar con ellos y apoyarlos les ayudarás a entender que sus pensamientos y emociones están siendo escuchadas y entendidas.
3. *¡Nómbralo!*: nombra lo que está viendo, haciendo o sintiendo para fomentar conexiones de lenguaje en su cerebro. Empieza desde que nace.

4. *Tomen turnos*: interactúa con él tomando turnos. Esto le ayuda a su autocontrol y a su relación con el otro. También le permite fomentar su paciencia y su tolerancia a la frustración. Sé que a veces es difícil, pero espera tu turno de manera paciente.

5. *Practiquen los inicios y finales*: observa cuando tu hijo te señala o indica que quiere pasar de actividad, que ya acabó con esa. Checa cuando esté listo para finalizar la actividad, cambiar y empezar otra. Deja que tome la iniciativa ya que así explora su mundo y favorece la creación de nuevas interacciones de servir y devolver.

Estas interacciones son esenciales para su desarrollo cerebral, su interacción social, su vínculo contigo y su adquisición de lenguaje. Puedes practicar diariamente con él siguiendo estos cinco sencillos pasos. Acuérdate de que la práctica hace al maestro.

Platiqué sobre estos tres cambios importantes en esta etapa de su desarrollo, pero ya sabes que existen muchos más; además coincide con que a estas edades se les juntan mil cosas: la mamá se embaraza y nace el hermanito, entran al colegio, se cambian de casa, etcétera. Son muchísimas cosas que hacen que su batería se vacíe y entonces son más propensos a hacer berrinches.

Estamos acostumbrados a entender las emociones y sensaciones desagradables que causan berrinches: la frustración, el enojo, el cansancio, el hambre, el sueño, el dolor, los celos, el abandono y la soledad; sin embargo, también existen emociones agradables pero intensas que producen en los niños un desbordamiento de sus emociones y, por ende, un berrinche. Por ejemplo, un niño que se emocione mucho puede jalarse el pelo al cantarle "Las Mañanitas" y se suelta a llorar. Entonces, las emociones agradables pueden desbordar al niño tanto como las emociones desagradables, esto depende de su intensidad. A mi consulta llegó una mamá angustiada y me dijo: "Estaba jugando con mi hijo y me pegó. No entendí, ya que estábamos jugando felices sin ninguna frustración". Pues sí, es que tiene tanta emoción que su cerebro con esa intensidad desborda la emoción.

Después de haber leído todo este capítulo, ¿te das cuenta de que los niños no hacen berrinches para manipularte?

Tu hijo no te quiere fregar ni molestar, hace un berrinche por dos razones principales. Primero, porque siente su batería vacía y busca llamar tu atención para que te conectes con él y se la rellenes. Segundo, porque su emoción se desbordó al punto que perdió completamente el control y necesita que lo ayudes a regularse, ya que él no puede solo.

> **Al hacer un berrinche te está comunicando: "rellena mi batería y ayúdame a regularme".**

Cuando entiendes que estas son las razones por las que tu hijo hace un berrinche, tus reacciones dejan de ser negativas y agresivas; al revés, son asertivas, empáticas, respetuosa y eficaces.

Ten siempre presente que un berrinche es una emoción que tu hijo no sabe regular y tú como adulto tienes que echarte un clavado a su emoción para reconocerla y ayudarlo a regularla.

8

Límites: lo más importante en la crianza

La columna vertebral de la crianza

La falta de disciplina no es amabilidad, es negligencia.

MAGDA GERBER

Andrea llegó a la sesión preocupada por la cantidad de berrinches que hacía Jero. Al platicar con ella, me comentó que le intranquilizaba la cantidad de galletas que estaba comiendo. Todas las tardes, después de comer, Andrea le daba dos galletas. Claramente las galletas son deliciosas e irresistibles para Jero y, obvio, diario se volvía un pleito, porque siempre le pedía más.

Al principio de la discusión, Andrea muy firme siempre le dice: "No, quedamos que solo dos", y Jero empieza a llorar sin control, patalea y se avienta para atrás lastimándose la cabeza.

Andrea, apanicada, no sabe qué hacer, asustada de que Jero se lastime y con tal de frenar su berrinche le da otra galleta. Él deja de llorar y feliz se come la galleta. Y esto puede pasar dos o tres veces, dos o tres galletas más. Desesperada y sin saber qué hacer, Andrea rompe los límites todos los días y acaba sintiéndose pésima mamá y pensando que Jero ya le "tomó la medida".

¿Para ti qué son los límites?

*Poner límites no solo es saludable, en
muchos casos es vital para sobrevivir.*

Miguel Ángel Núñez

Para mí son la columna vertebral de la crianza. Si un niño crece sin límites, crece inseguro. Los límites son normas que definen las conductas en una situación o contexto determinados. Para los niños, son pautas sobre lo que sí y lo que no pueden hacer, o cómo deben comportarse. Si no le pones límites claros a tu hijo, en vez de ayudarlo, lo perjudicas. Muchas veces evitamos poner límites creyendo que somos buena onda o barcos, y es completamente al revés. Al no establecerlos no ayudas a tu hijo a conocer el mundo, a saber cómo comportarse en determinada situación, qué hacer en cierto momento, qué está permitido y qué no lo está.

> **Los límites son necesarios y obligatorios
> para el desarrollo cerebral.**

¿Te acuerdas de la corteza prefrontal, el cerebro racional que se acaba de desarrollar hasta los 25 años? Esa corteza se alimenta, por así decirlo, de los límites, ya que es la parte de nuestro cerebro adulto que nos ayuda a planear y ejecutar. En los primeros años de tu hijo, tú como papá o mamá tienes que ejercer como su corteza prefrontal externa: eres una parte de su cerebro que vive afuera, que lo ayuda a frenarse y controlarse. Debes reafirmar los límites, repetirlos múltiples veces hasta que poco a poco los vaya internalizando. A medida que va creciendo y madurando, él podrá controlar su cuerpo y manejar sus emociones solito, pero en la primera infancia te necesita a ti.

En la crianza conductual los límites eran impuestos con mucho autoritarismo, sin explicación ni paciencia; se tenían que cumplir sí o sí. "No me importa lo que opines o si te parece o no". En la crianza permisiva he visto que a los padres les da miedo establecer límites, no saben cuáles poner y temen la reacción emocional de sus hijos, por eso evitan definirlos. Fíjate cómo Andrea sintió miedo de las reacciones y del berrinche de Jero, y por eso rompía los límites que ella misma le había puesto. No lograba mantenerse firme ante sus reglas. No es que Jero le haya tomado la medida, es que su cerebro lo registró como *causa y efecto*, ya que "si lloro y me aviento, mi mamá me va a dar otra galleta; entonces lo hago". Y, por su parte, con tal de que Jero no se lastime y haga berrinche, Andrea acaba cediendo.

Esto es muy común hoy en día. Ante estas situaciones los papás no saben cómo reaccionar y entonces mejor les dan a sus hijos lo que les piden.

El objetivo de enseñar límites en la primera infancia es que los niños los interioricen y los hagan parte de ellos mismos. Es muy importante empezar desde su nacimiento, porque es cuando sus cerebros son como esponjitas, absorbiendo absolutamente todo y haciendo muchísimas conexiones neuronales. El objetivo es que los niños se desarrollen de la mejor manera, que sean capaces de cumplir normas y reglas, de controlar su cuerpo y sus impulsos, de regular sus emociones, de ser estructurados y de saber vivir en sociedad. Para que un niño se estructure internamente, necesita conocer, ver y entender la estructura fuera de él, en el mundo exterior.

La crianza emocional que vengo a proponerte incluye límites, pero son puestos con amor y firmeza: debes explicarle a tu hijo, ayudarle a cumplirlos, anticiparlos y acompañarlo.

¿Cuándo se empiezan a poner límites?

Los límites se ponen desde que nacen. Las rutinas también son límites, ya que lo estructuran y sabe qué debe hacer en determinado momento. Al principio, alimentado a libre demanda, el bebé todavía no tiene horarios ni ciclos de sueño y vigilia bien establecidos, y es un poco difícil poner rutinas, pero puedes comenzar con lo más básico: lo que yo considero el límite número uno, que es la rutina de la noche. Ve poco a poco, ten presente que conforme los niños van creciendo, sus límites también lo hacen con ellos. Los límites que le pones a tu hijo a los seis meses no son los mismos que le pones a los 2 años; deben estar asociados con la edad y la etapa de desarrollo en la que se encuentre.

Me encanta la metáfora que usa mi querida amiga, la psicóloga colombiana Manuela Molina, quien explica que los límites son como una maceta. Si quieres hacer crecer una plantita y solo agarras las semillitas, las metes en una montañita de tierra y la riegas, será un desastre. Lo más probable es que la tierra se desmorone. Y si la plantita crece, se va a ir de lado porque no tiene soporte. Pero si tomas una maceta, colocas las semillas junto con la tierra, la riegas y cuidas, la plantita irá creciendo. Llegará un momento cuando ya no va a caber en la maceta, así que la plantarás en una más grande y luego en otra más grande, hasta que la plantes en el jardín y la dejes totalmente independiente.

Es lo mismo con los niños. Necesitan ir creciendo con estructura y contención, porque de lo contrario se desmoronan, como le pasa a la plantita, por no tener nadie ni nada que les dé soporte.

Cuando existen límites, también existe seguridad y confianza en sus cuidadores y en su mundo. Nosotros como adultos nos sentimos bien cuando alguien con experiencia se encarga de situaciones en las que no tenemos el control. ¿Recuerdas al capitán del avión? A mí en lo particular me dan un poco de miedo los aviones y me da muchísima tranquilidad saber que, cuando vuelo, estoy en las manos de un piloto capacitado para conducir el avión. Puedo hasta quedarme dormida durante el vuelo porque tengo la certeza que voy a llegar a salvo a mi destino. Además, me encanta que existan reglas dentro del avión, ya que me siento más segura. Esto es exactamente lo que hacen los límites. Tu hijo siente seguridad y confianza de que hay alguien más manejando el avión de su vida, y tú eres el capitán.

Como ves, los límites son necesarios y hay que ponerlos, pero también debo pedirte que tengas paciencia porque, por naturaleza, los niños a estas edades los retan y son rebeldes; así que probablemente tu hijo va a tratar de romper las normas que le impongas. Muchas veces los límites son un detonante del berrinche; provocan desbordes y crisis emocionales, porque cuando le dices que no puede hacer algo, automáticamente siente una emoción desagradable, principalmente enojo o frustración, y esto genera un berrinche. Sin límites, los niños no desarrollan la tolerancia a la frustración, pueden llegar a presentar problemas de conducta, son más impulsivos, carecen de estrategias para regularse y controlar su cuerpo, no saben vivir en sociedad, crecen desconfiados y, por supuesto, les cuesta mucho trabajo obedecer.

Bienvenido a la infancia. Es natural, común y esperado que los niños reten los límites y lo hacen por varias razones:

1. *Buscan independencia y autonomía*: quieren ser grandes y ya se sienten "adolescentes en miniatura" que pueden con todo.
2. *Su corteza prefrontal esta inmadura*: no son capaces de regularse emocional y corporalmente, así que sus reacciones serán emocionales.

3. *No pueden controlar su cuerpo y sus impulsos les ganan*: esto pasa más con los más pequeños. Le pides que por favor deje de aventar las cosas y literalmente su cerebro no puede frenar este impulso y dejar de hacerlo.

4. *Están conociendo y probando su mundo*: a partir de que se conocen y experimentan, necesitan entender: "Si hago esto, ¿qué pasará?", "Si rompo los límites, ¿cómo reaccionará mi mamá?", "Si aviento la comida, ¿qué va a pasar?", "Si le pego ¿cómo se va a sentir?". Están comprobando sus teorías.

5. *Por su temperamento*: ya sabes que todos los niños tienen temperamento diferente. Cada uno reacciona dependiendo del suyo.

6. *Están reafirmándose como personas*: quieren que los reconozcas tal y como son.

7. *Buscan gratificación inmediata*: quieren obtener el placer ahorita, porque no tienen la capacidad de demorarlo. Los niños no entienden el: "Okey, una galleta hoy y otra mañana". Su cerebro no es capaz de postergar una gratificación.

8. *Muchos niños retan*: no perciben a sus cuidadores como personas seguras que los guían, y los retan en señal de ayuda, porque sienten su batería vacía y experimentan inseguridad.

9. *Buscan entender las reacciones y el efecto de la causa*: quieren entender cómo actúan sus cuidadores ante cualquier acción y situación.

El objetivo principal de los límites es llevarlos a la madurez, no a la obediencia ciega. Dejemos atrás las crianzas conductuales y permisivas. Queremos que cuestionen, que entiendan y que formen su propio compás moral para que logren diferenciar lo que sí está bien y lo que no lo está, qué sí se hace y qué no se hace.

Guía a tu hijo hacia la madurez, no a la obediencia ciega.

Ser firmes en los límites es muy importante. Los niños van a retar los límites, es parte natural de su desarrollo; pero, como te lo he dicho tantas veces, necesita de ti para que lo contengas. La contención que siente cuando le pones un límite es un componente muy importante. Si cedes ante él, tu hijo se sentirá inseguro, desatendido y poco apoyado. Tu hijo debe percibir claramente que estás en control de la situación y que tú mandas.

Los límites se encuentran jerarquizados en tres niveles. Hasta arriba está lo que corresponde, en medio están los padres y abajo los niños.

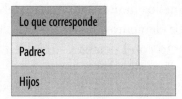

Lo que corresponde

Padres

Hijos

Lo que corresponde es lo que se tiene que cumplir. Por ejemplo:

- Si hace frío, lo que corresponde es taparte con un suéter para no enfermarte.
- Si estas cansado, te acuestas a dormir. Es lo que corresponde.
- En la tarde lo que corresponde es no comer dulces porque te dan energía y no duermes.
- Si vas al colegio, lo que corresponde es ponerte el uniforme.

No es mala onda obligarlo a ponerse el suéter y a dormir, no dejarlo comerse la galleta o apremiarlo a ponerse el uniforme. No es que quieras armar un pleito ni molestarlo. Es lo que corresponde en ese momento y en esa situación.

Lo que corresponde se ubica más arriba de los padres, porque no es decisión de ellos: es parte de las cosas que deben cumplirse en determinadas situaciones.

En la jerarquía después se ubican los *padres*, que son los líderes de la relación con sus hijos; son más sabios, fuertes, maduros e inteligentes emocionalmente que ellos.

En el tercer y último nivel de la jerarquía se encuentran los *hijos*. Por su edad todavía no pueden decidir muchas cosas por ellos mismos, necesitan tener y sentir a sus padres arriba de ellos, tomando el control de todas las situaciones. Parece que ellos quieren ser los líderes en esta relación, pero de verdad no lo anhelan; secretamente quieren y necesitan que tú les pongas límites y que los ayudes a cumplirlos.

Ahora, para que los límites funcionen, deben estar compuestos por cinco elementos, de los cuales platicamos en el taller que doy junto con Luciana García de *Límites & Consecuencias*, y que llamamos las 5Cs:

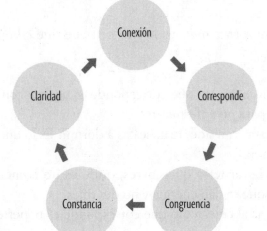

Conexión. Para mí es lo más importante y es el primer elemento que tenemos que cumplir. Es la conexión que tienes con tu hijo. Tal como lo platiqué en el capítulo 5, lo más importante es que le rellenes su batería emocional. Si tratas de ponerle límites sin conectar con él previamente, no va a entenderlo, no los va a cumplir y, por supuesto, no van a funcionar porque se va a sentir desconectado de ti.

Corresponde. Se refiere a lo que corresponde en cada momento, lugar o situación. No son cosas que hacemos como adultos por capricho personal, las hacemos porque corresponden. Se debe tener en cuenta cada situación en particular y las personas involucradas.

Es muy importante saber diferenciar lo que corresponde de los deseos personales de los padres. Para diferenciarlo, hazte la siguiente pregunta: ¿tu hijo lo necesita o eres tú quien lo está imponiendo por razones personales? Siempre deseas que tu hijo esté adecuadamente vestido, pero si quieres que esté superarreglado un martes por la tarde para ir al parque a jugar donde se ensucia, probablemente se trata de un capricho tuyo y no es lo que corresponde; pero si es un sábado y hay una comida familiar, quizá vestirse bien sí corresponda a esta situación.

Congruencia. Toda la crianza debe ser congruente y lógica para que el niño la entienda y coopere. Si alguien te pide que hagas algo, pero no te parece lógico, definitivamente no lo vas a cumplir.

La congruencia es el elemento que cuesta más trabajo, porque debe comenzar por los padres. Si, por ejemplo, le dices a tu hijo que no va a comer dulces en la tarde, pero llega tu pareja comiéndose una paleta, no es congruente. Sé que como adultos tenemos diferentes reglas y límites que los niños, pero trata de ser congruente frente a ellos, ya que ese doble mensaje no lo entienden. Hay que ser congruentes entre madre y padre en nuestra manera de criar, mostrando un frente unido. Entiendo que puede llegar a ser difícil, ya que ambos padres fueron criados de forma distinta. No obstante, deben ser congruentes como pareja.

También debes ser congruente contigo mismo, porque muchas veces pones límites con los que no estás de acuerdo y, si es tu caso, mucho menos vas a convencer a tu hijo de cumplirlos. Si no ven en ti coherencia, no hay manera de que los cumplan.

Igualmente tiene que existir congruencia en la cotidianidad. Me refiero a que, si un día pones límites, y al día siguiente se te olvida mantenerlos, al tercer día los quieres volver a poner, al cuarto los estableces a medias y a la semana ya ni te acuerdas que existen, no van a funcionar, porque cuando los quieras volver a poner, el niño no va a entender el mensaje, estará confundido y probablemente no los va a cumplir.

Constancia. Para que el cerebro del niño entienda los límites y los cumpla, debes ser constante. Esta es la clave del éxito de los límites (y de la mayoría de las cosas en la crianza).

El cerebro necesita hacer diariamente la misma conexión cerebral para poder fortalecerla. Imagina que el cerebro de tu hijo (y el tuyo igual) es un campo de trigo por donde cruzas todos los días de un extremo a otro. Si un día vas por un camino, al otro día por uno distinto y al siguiente por uno más, no se va a marcar un solo camino. Pero si diario caminas por el mismo lugar, en poco tiempo habrás marcado un único camino donde ya no crece trigo. Así, idéntico, funciona el cerebro. Tienes que ser constante en fomentar sus conexiones neuronales para que se fortalezcan. Entonces, para forjar un límite es importante repetirlo constante y cotidianamente a fin de que su cerebro lo conozca, lo conecte, lo entienda, le haga clic y lo cumpla.

Claridad. Seguramente cuando pones un límite crees que las instrucciones que das son claras, pero la verdad es que muchas veces no es así. Piensa en un semáforo. De repente crees que le estás poniendo límites en rojo, pero tu hijo los puede recibir en amarillo o quizás en verde. ¿Y por qué crees que pasa esto? Porque los niños nos creen más lo que decimos con nuestro lenguaje no verbal que lo que decimos con nuestro lenguaje verbal. Si le dices a alguien "te amo" con un gesto enojado, no hay claridad; le va a creer más a tu cara que a tus palabras. Si le dices a tu hijo: "Hazlo ahorita", pero no eres claro con tu expresión corporal, con tus gestos y con tu lenguaje no verbal, te aseguro que no lo va a cumplir, porque lo primero que vendrá a su mente es que no es en serio. O si le dices: "Cuento hasta tres: uno, dos, dos y medio, dos cuarenta y cinco", definitivamente no te va a creer. Es muy importante que empieces a cachar tus expresiones faciales y corporales, ya que probablemente le estás dando otro mensaje del que quisieras.

Dos preguntas son recurrentes en mi consulta y voy a hablarte de ellas.

La primera es: "¿Cómo sé qué límites tengo que ponerle a mi hijo?".

Realmente es algo muy personal, es una decisión que depende de los padres. Existen mamás que son súper estrictas y otras más relajadas. Hay mamás que en los primeros 2 años no les dan azúcar, mientras que otras, sí. Otras duermen con sus hijos y hay mamás que prefieren que cada quien duerma en su cama. Hay las que en las fiestas infantiles solo les permiten comer un dulce y otras que los dejan comerse los que quieran. Depende mucho de tu manera de ser. Lo que sí recomiendo es que observes cómo eres y, con base en ello, poner los límites en tu familia. Después voy a guiarte más en esto.

La otra es: "¿Cuántos límites tengo que ponerle a mi hijo?".

Esto también es personal, son diferentes para cada familia, para cada pareja y para cada niño. Depende mucho del temperamento de tu hijo, del estilo de crianza que ustedes apliquen como pareja y de lo que hayan decidido que es negociable, o no. Además, tiene que ver mucho con que el cuidador sea muy estructurado, disciplinado o un poquito más barco o relajado. Porque si tú eres una persona relajada, que no tienes mucha estructura y le pones muchos límites al día a tu hijo, estos van a durar tres días y al cuarto día tanto tú como él regresarán a la rutina de siempre y a la falta de límites. O si eres muy estricta y te digo que le quites varios de los límites que le pones, este cambio durará poco y acabarás poniéndole más. Hay que buscar ponerlos sin exagerar en ninguno de los dos extremos: ni muchos ni pocos. Como dice el refrán: "Ni tanto que queme al santo, ni tan poco que no lo alumbre".

Para decidir cuáles son los límites de tu familia te recomiendo sentarte con tu pareja, con papel y pluma, y entre los dos decidir cuáles van a ser, considerando la edad y la etapa de desarrollo de tu hijo. Cuanto más chicos, menos límites. Conforme van creciendo, los límites crecen con ellos. Es importante que tengan claros los límites de sus hijos, y sea una decisión de parte de los dos.

A mí me gusta definir los límites en dos tipos: los negociables y los no negociables. Quiero explicarte cada uno de ellos para que puedan dividirlos y así tener más idea de qué límites poner.

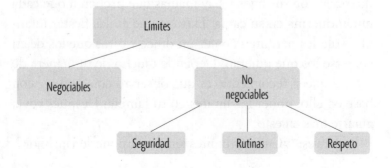

Límites negociables

Todos sabemos que parte de la crianza es educar a los niños y prepararlos para la vida en sociedad. Si nos empeñamos en ser generales de la rutina y de las reglas, y no somos flexibles, los niños terminan siendo rígidos y con un pensamiento inflexible. Parte de nuestro trabajo también consiste en ayudarlos a formar una personalidad adaptable, un pensamiento flexible y enseñarles a negociar. No me digas que no te encantaría que de adulto tenga las habilidades de negociar vacaciones o un aumento de sueldo con su jefe. Pues estas habilidades se desarrollan en la infancia, por eso hay límites que son negociables.

Los límites negociables son aquellos que normalmente se deben cumplir, pero podemos relajarnos, ser flexibles y negociarlos. Algunos ejemplos son: todos los días el niño se viste, pero el domingo se queda en pijama; sabe que los miércoles cena en casa de su abuela y se pone la pijama sin bañarse; sabe que en tu casa está prohibido comer dulces, pero en las fiestas infantiles sí puede; sabe que en casa de la abuela no puede entrar a la sala elegante, pero en tu casa puede subirse a los sillones sin problema. El objetivo de estos límites es que el niño sepa que en algunos lugares, en algunos días o en algunas situaciones los límites son inflexibles y en otros son flexibles.

Muchas veces tenemos la idea de que esto confunde a los niños, pero ellos saben perfectamente qué reglas se deben cumplir y en dónde. Quizás en casa de la abuela se pueden relajar porque es más consentidora, pero en casa de sus papás es al revés. Aplicar límites negociables funciona siempre y cuando seas constante, se los expliques y fomentes los hábitos.

En tu lista escribe cuáles son los límites que sí estás dispuesto a negociar con tus hijos, por ejemplo: escoger su pijama, elegir si comen frutas o verduras, seleccionar el cuento de la noche, escoger lo que se va a poner, elegir lo que va a cenar o lo que se lleva de lunch, etcétera.

Límites no negociables

Como dice su nombre son aquellos límites que, aunque llueva, truene o relampaguee, no se rompen y siempre se cumplen. A mí me gusta dividirlos en tres áreas: los de seguridad, los de rutina y los de respeto.

Seguridad

Si te pregunto: ¿en qué límites eres más estricto e inflexible? Seguramente me dirías que en los que tienen que ver con su seguridad física. Por ejemplo, no entrar a la cocina mientras estás cocinando, no meter los dedos al enchufe, no cruzar la calle solo, en el coche ir siempre en la sillita de seguridad, no correr en el estacionamiento, no subirse a la mesa de cristal, no comerse las croquetas del perro, etcétera; es decir, acciones asociadas con su bienestar físico.

Como mamá o papá probablemente eres buenísimo poniendo estos límites, ni titubeas; eres estricto y estás programado para ponerlos. Es más, apuesto a que tu hijo los tiene clarísimos, porque los repites y los anticipas todo el tiempo. Aunque son los que consideramos más fáciles de cumplir, de todas maneras te recomiendo que los apuntes para que tú y tu pareja los tengan más que claros.

Rutinas

Como vimos al principio de este capítulo, las rutinas son una especie de límites y ayudan a los niños a estructurarse, a saber qué viene después y a sentirse en control de la situación. Muchas veces veo que algunos papás fallan un poco en poner rutinas.

Los niños necesitan tener muy claras sus rutinas, porque así saben qué se espera de ellos. Esto les ayuda a sentirse un poquito más en control de su mundo, porque en esas primeras etapas de vida no tienen nada bajo su dominio y eso los hace sentir inseguros y les vacía su batería emocional.

Cuanto más chico sea el niño, menos tiene noción del tiempo, de qué viene antes y después, si fue ayer, hace una hora o hace 5 minutos. Las rutinas lo ayudan a estructurar su mundo.

Los niños aman las rutinas, ya que gracias a ellas saben qué tienen que hacer y qué les corresponde realizar. Obsérvalo cuando haces un cambio o se van de viaje y sus rutinas cambian; seguramente no le gusta. Se pone más sensible, berrinchudo, duerme y come peor, y a gritos te pide que lo regreses a su rutina. Esto también depende de cómo sea el temperamento de tu hijo, si es poco o muy predecible en sus ritmos biológicos (ver más en el capítulo 7).

Cuanto más chico es tu hijo, te recomiendo que las rutinas se las pongas con un acompañamiento visual. Tómale fotos realizando diferentes actividades, recorten imágenes o hagan dibujos y colócalos en un lugar donde los pueda ver. Es muy motivacional para ellos, ya que lo pueden observar concretamente y, de esta manera, logran conocer sus propias rutinas y su orden. Te ayudará apuntar cuál es su rutina general del día.

Respeto

Todos tenemos algún sobrino o hijo de un conocido que le falta al respeto a los demás y sus papás no le dicen nada. A estos papás probablemente les da miedo poner límites o son muy permisivos y les están haciendo un desfavor a sus hijos.

Con respeto me refiero a respetarse a sí mismo, a los demás y a los objetos a su alrededor. Para que un niño aprenda a respetar, tiene que primero ser un niño respetado. Empieza a enseñarle sobre este valor siendo respetuoso con él.

Parte de nuestro trabajo es enseñarles a nuestros hijos a vivir en una sociedad. Y una de las bases de nuestra sociedad es el respeto hacia los demás.

Estos límites incluyen: "no te pegues", "no te lastimes", "no le pegues a los demás", "no te jales el pelo", "no avientes la comida", "no rayes las paredes", "no rompas tus juguetes", "no avientes el plato", "no te eches hacia atrás".

Observa a tu hijo y ve cuáles son las faltas de respeto que ha cometido e inclúyanlas en su lista junto con las que consideran importantes enseñarle.

Ahora, ya que conoces qué son los límites y cuáles son los distintos tipos, te voy a dejar una guía, paso a paso, para saber cómo establecerlos.

1. Haz consciencia de cuáles límites son los que quieres poner.
2. Sincronízate en el mismo canal de tu pareja y de los demás cuidadores del niño. Que todos conozcan los límites negociables y no negociables y que los cumplan.
3. "Lo enseño y lo explico". Los niños no van a decir: "Ay, claro, voy a hacer esto porque lo tengo que hacer", ¡no! Su naturaleza los impulsa a romperlos y retarlos. Entonces es muy importante que se los enseñes y se los expliques, usando material visual.
4. "Lo repito": acuérdate del campo de trigo. Debes repetir, repetir y repetir el límite para que lo relacione y lo cumpla.

5. "Lo anticipo": los niños pueden no acordarse, pueden no saber qué es lo que toca hacer o reconocer el límite que deben cumplir, y es aquí donde tú tienes que guiarlo anticipándole el límite.

   Te pongo unos ejemplos. Estás sentado a la mesa y le dices: "Acuérdate de que comemos sin tirar la comida. La comida va en el plato", o "Te voy a poner la tele solamente 20 minutos". Le avisas 5 minutos antes y cuando acabe el tiempo, la apagas. La anticipación es una gran herramienta para que logre cumplir el límite.

6. "Lo ayudo a cumplirlo": por naturaleza, el niño va a retar los límites y no querrá cumplirlos. ¿Tú como adulto quieres acatar reglas? Muchas veces no y los niños, menos. Entonces ayúdalo a que los cumpla. Por ejemplo, si se está pegando, agárrale la manita.

Me gustaría darte algunos últimos tips para lograr mejor el cumplimiento de límites.

Cambia el "no"

Estamos programados para decir "no, no, no" todo el tiempo. Cuando le decimos *no* a nuestro hijo, su cerebro se bloquea y es difícil que coopere. Te doy dos alternativas para cambiar el *no*:

1. Convierte el "no" por un sí condicionado. Te pongo ejemplos para que me entiendas:
   —¿Mamá, puedo comerme una galleta?
   —Sí, cuando acabes de comer.
   O
   —¿Papá, podemos ir a visitar a la abuela?

—Sí, hay que marcarle para saber cuándo nos puede recibir.

O

—¿Mamá, puedo quitarme el suéter?

—Sí, cuando lleguemos a la casa.

O

—¿Mamá, puedo tomar agua en el coche?

—Sí, ahorita que haya un alto te paso tu termo.

Los "sí" condicionados son un "ahorita no, pero en otro momento sí". No bloquean al niño ni a su cerebro y sí estás cumpliendo un límite.

2. Cambiar el "no" por el "sin". Por ejemplo: "sin pegar en vez de "no pegues", "sin aventar", "sin romper", "sin gritar", etcétera.

Opciones controladas

Ofrécele opciones controladas. No le digas: "¿Qué pijama te quieres poner hoy?", pero sí puedes darle a escoger entre dos opciones; esto va a hacer que sienta que tiene un poco de autonomía. "¿Cuál de estas dos pijamas te quieres poner hoy? ¿Qué quieres desayunar? ¿Manzana o pera?". Tú estás decidiendo que va a comer una fruta y él selecciona cuál. De esta forma le enseñas a elegir y que tiene poder de decisión.

Las opciones controladas no son abiertas, son opciones elegidas previamente por ti. Yo te recomiendo no darle más de dos opciones para que pueda decidir fácilmente.

Prepárate

Prepárate para el momento. No hay nadie más experto en tu hijo que tú. Tú sabes que cuando le apagas la tele llora, que acabando de comer se aburre y avienta la comida, que cuando llega de casa de la abuela llora porque no durmió la siesta. Prepárate para estos momentos y evita el factor sorpresa en estas situaciones.

Escoge tus batallas

Puedes vivir peleándote con tu hijo desde que amanece hasta que anochece o puedes elegir tus batallas y pensar: "La verdad es que tampoco me afecta tanto" o "Que juegue tantito antes de bañarse". Ve cuándo las situaciones tampoco son el fin del mundo. Si siempre le dices "no, no, no", se va a sentir sin control y enojado por la cantidad de límites que le estás imponiendo.

Cuando tu bebé es chiquito, los límites que empiezas a ponerle son solamente rutinas, pero a medida que crece tienes que incorporar nuevos límites. Debes ponerle límites en sus comportamientos y en sus acciones.

Establecer límites les ayuda a los niños a ir formando su brújula interior, porque queremos que piensen: "No le pego a mi hermanito porque le duele" y no "No le pego a mi hermanito porque mi mamá me regaña".

No te sientas mal padre por ponerles límites. Los niños los necesitan y, al definirlos, les estás haciendo un gran favor.

> " Poner límites no es una alternativa a amar
> a tu hijo. Es la manera de amarlo. "
>
> HENRY CLOUD

9

Regulación emocional

¿De qué sirve que un niño sepa colocar
Neptuno en el Universo si no sabe dónde
poner su tristeza o su rabia?

José María Toro

Alfonso vino a una consulta preocupado por que había aplicado una estrategia recomendada por su cuñado, que no le funcionó. Él le dijo que durante un berrinche de Regina se comportara igual que ella, imitando cada una de sus acciones; así la pequeña de 2 años y medio podría darse cuenta de lo ridícula que se veía, para que le diera vergüenza y, como resultado, dejara de hacerlas.

Un día, acabando de comer, Alfonso le permitió a Regina ver 20 minutos de sus caricaturas favoritas y, cuando acabó el tiempo, le apagó la tele como habían acordado. Ella se descontroló por completo, sintió que la emoción la desbordaba y estalló. Se puso a llorar, se tiró al suelo y se puso a patalear. Alfonso, recordando a su cuñado y su gran consejo, se aventó al piso, al lado de Regina y reprodujo el comportamiento. Regina, al ver a su papá llorando y pataleando, sin comprender qué sucedía, puso cara de asustada y dejó de llorar. Por un segundo, aquella acción parecía haber funcionado, pero la verdad

177

es que no fue así. Regina comenzó a llorar nuevamente, más fuerte que antes.

Alfonso no entendía qué había pasado y Regina aún menos; así que muy preocupado por ese intento fallido de detener el berrinche de su hija, vino a consulta. Le expliqué que en los primeros años de vida es normal que los niños pierdan el control, que sus emociones se desborden, que no sepan qué hacer y necesiten de sus padres para regularse. Regina no iba a pensar: "Qué ridículo se ve mi papá, mejor dejo de hacer este berrinche". ¡No!, ni a ella ni a ningún otro niño le interesa verse o no ridículo, solo les importa sentirse seguros y esa seguridad únicamente la pueden obtener de sus cuidadores. Más bien lo que Regina probablemente pensó fue: "Qué miedo, si él es el adulto y está perdiendo el control, ¿cómo va a poder cuidarme y contenerme a mí?". Como ellos todavía no pueden solos, nos necesitan.

> ❝ La inteligencia emocional comienza a desarrollarse en los primeros años. Todos los intercambios pequeños que tienen con sus padres, maestros y demás llevan mensajes emocionales. ❞
>
> DANIEL GOLEMAN

La regulación emocional es la capacidad que tenemos para manejar las emociones de forma adecuada. Suena difícil regular a tu hijo, ¿no?, y aún más cuando está perdiendo el control, cuando está llorando, pataleando, cuando te hace pasar vergüenza y cuando tú también estás desesperado; pero te aseguro que es posible. Confía en tu propia capacidad, en tu cerebro maduro y en las habilidades que tienes como madre o padre. Como he mencionado, la regulación de tu hijo inicia con tu propia regulación. Si tú no estás regulado no hay posibilidad humana de que tu hijo encauce sus emociones. No puedes estar desregulado y pretender ayudarlo; no puedes perder el control y esperar que él lo retome solito. ¡No se puede! *En su tormenta tú tienes que ser su calma.* Tal como te platiqué en el capítulo 6, ese es el paso uno, así que no inicies este proceso sin haber aprendido a regularte a ti y a tener herramientas para hacerlo. ¡OJO! No significa que nunca vayas a perder el control, somos humanos y es normal, date chance. Pero ya eres más consciente de esto.

Para que tu hijo logre la regulación emocional primero tienes que ser su co-regulador.

Corregulación

La corregulación, también conocida como interregulación, es la capacidad de regular emocionalmente a otra persona y aquí me estoy refiriendo específicamente a tu hijo. La corregulación se da en díada, esto es, la relación entre el bebé y alguno de sus padres. Según cómo lo regules en sus primeros años de su vida, tendrá menor o mayor capacidad de autorregularse en el futuro. La forma en la que el niño se comporte de adulto se asocia directamente con la calidad y sensibilidad del cuidado que recibió en sus primeros años de vida de sus cuidadores principales, porque el niño aprende las estrategias que sus padres le enseñaron desde su nacimiento.

En la primera infancia, tu hijo es como una esponjita que absorbe todo lo que le enseñan, todo lo que ve, todo lo que escucha y todo lo que le modelan. Asimismo, asimila las maneras en las que tú lo regulas y las guarda como herramientas en su cajita, para después utilizarlas. Si tú le hablas con calma, te pones a su altura, le explicas la situación, validas su emoción, te muestras empático y respetuoso, eso es lo que él aprenderá. Pero si optas por perder la paciencia, pegarle, gritarle, ignorarlo o minimizar su sentir para regularlo, eso también lo guardará en su cajita. Si tú le pegas de niño, cuando sea adolescente y adulto la única manera que va a conocer para regularse cuando esté enojado será dándole un puñetazo a la pared o golpeando a alguien más. Ahora, si lo regulas distrayéndolo, de adulto, al sentir una emoción desagradable, se distraerá como mecanismo para no sentir. Asimismo, si lo regulas ignorándolo o mandándolo solo a su cuarto, de grande estará desconectado de sus propias emociones y sensaciones y va a ignorarse y no validarse.

¿Ves lo importante que es ayudar a tu hijo en su regulación? Tú debes guiarlo en todo ese camino de autodescubrimiento y aprendizaje al manejar sus emociones.

> **❝ Al menos un 80% del éxito en la edad adulta proviene de la inteligencia emocional. ❞**
>
> DANIEL GOLEMAN

Jorgito quiere un dulce más. Ya lleva cinco dulces y el azúcar no lo deja dormir. Cynthia no le quiere dar el sexto dulce e inmediatamente él pierde el control. Avienta su plato y el vaso de agua de su silla de comer, mientras llora con tanta fuerza que ensordece a su mamá. En ese estado Cynthia no sabe qué hacer y lo empieza a regañar para que se calme: "Ya te di cinco galletas. Deja de llorar. Tú ya eres un niño grande". Ella sigue, sigue y sigue con el sermón, en tanto una atmósfera de tensión inunda el comedor.

Vamos a analizar esta situación. ¿Qué crees que pasó aquí? A simple vista podemos darnos cuenta de que Jorgito lloró, aventó el vaso y el plato.

Nuestro cerebro está programado para ver la acción y el comportamiento de los niños en el momento del berrinche. Si te pido que escribas una lista de todas las cosas que hace tu hijo durante un berrinche, seguro la acabarías en menos de un minuto. En tu lista probablemente están: llora, grita, patalea, se avienta para atrás, se pega, se jala el pelo, se muerde, muerde, pega, se priva, avienta cosas, da cabezazos, etcétera. Son muchísimas cosas que hacen los niños durante un berrinche; pero si te pregunto: ¿por qué lo hizo?, ¿qué emoción sintió?, ¿qué pensó?, ¿qué te quería comunicar?, seguro se te dificultará un poco contestar.

Cuando tu hijo tiene calentura y lo llevas al pediatra, ¿qué hace el doctor?

a) Le da inmediatamente paracetamol, o
b) lo revisa para determinar qué está causando la alta temperatura.

La respuesta es *b*). El doctor siempre establece cuál es la causa interna que produce la calentura, porque, como todos sabemos, la calentura es solamente un síntoma y un signo de alerta que nos indica la presencia de una infección. Es la alarma en el cuerpo de los niños que avisa sobre su estado de salud. Si el doctor solamente le da paracetamol sin revisarlo, y el niño tiene una infección, el niño podría presentar otros síntomas como vómito, ronchas, dolor de panza o de cabeza y hasta calentura otra vez. De la misma manera necesitamos ver los berrinches.

Como heredamos la crianza conductual no estamos entrenados a observar y fijarnos más allá del comportamiento y la acción; necesitamos hacer un esfuerzo extra y cambiar nuestro enfoque para centrarnos en saber qué sucede dentro de su cuerpo, qué emoción está sintiendo y qué nos quiere comunicar con su comportamiento. Durante un berrinche, la emoción es la "infección", y el berrinche es solo la señal de alerta que nos dice: "Mamá, papá, ayúdenme". Tu hijo percibe una emoción, pero no sabe identificarla ni controlarla, y te necesita para ayudarlo a sentirse mejor.

Para entender mejor las emociones durante un berrinche, me gusta usar la metáfora del iceberg.

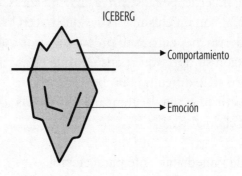

En un iceberg solo una pequeña parte es visible, la que sobresale del mar, pero debajo existe todo un mundo que no es fácilmente perceptible. En los berrinches la punta sería el comportamiento y la acción del niño; y lo vemos así porque hemos aprendido a observar nada más la parte conductual. Pero necesitamos ver más allá y ser capaces de mirar la emoción que existe debajo, la parte no visible del iceberg.

Como cuidador principal de tu hijo, debes ponerte un visor y echarte un clavado al mar para descubrir lo que está sintiendo. Es muy incómodo, el agua está fría y no quieres mojarte. Obvio, te cuesta trabajo reconocer las emociones de tu hijo porque somos unos analfabetas emocionales y no sabemos ni reconocer nuestras propias emociones. Así que identificar las del otro puede ser un poco complicado, pero es la mejor manera de regular asertivamente un berrinche.

> La única salida es entrándole.

Cuando seas capaz de ver lo que hay debajo del iceberg, reconocerás su emoción y entenderás que por su inmadurez cerebral, su poca asertividad y sus escasas herramientas, no tiene cómo sacar proactivamente esa emoción, más que re-accionando de la manera que menos nos gusta: haciendo un berrinche. Pero si le das recursos para regular esa emoción que trae atorada dentro, los síntomas (o sea, los berrinches) van a desaparecer porque estarías atacando el problema de raíz. Es lo mismo si le das un antibiótico a tu hijo cuando tiene una infección. Si le ayudas a regular sus emociones, lo escuchas, lo validas, lo apoyas, lo contienes y lo ayudas, le estás dando mayores y mejores herramientas. Y así, poco a poco, va a dejar de llorar, gritar, pegar, rayar las paredes, morder y aventar, porque ya tiene otras estrategias. Pero eso sí, es muy importante que tengas claro que los malos com-portamientos y los berrinches no van a desaparecer; son la manera en que tu hijo te comunica que está sintiendo algo intenso. Seguirá experimentando estas emociones fuertes y manifestará desbordes, porque apenas está creciendo y su cerebro está inmaduro, pero vas a ver cómo serán menos frecuentes e intensos, y se sentirá más apoyado y conecta-do contigo.

Así que agarra tu visor y prepárate para echarte un clava-do a sus emociones.

"No somos responsables de las emociones, pero sí de lo que hacemos con ellas. "

JORGE BUCAY

PARTE CINCO
La caja de herramientas

Estrategias, tips
y beneficios de aplicar
una crianza emocional
con tu hijo

10

Herramientas de crianza emocional

¿Cómo le hago?

> *Educar un hijo no es como dirigir el tráfico:*
> *reglas, prohibiciones y multas. Educar*
> *un hijo se parece más a cuidar un huerto:*
> *sembrar, regar, proteger y, sobre todo, tener*
> *mucha paciencia.*
>
> JULIO BASULTO

En un taller que estaba dando sobre límites y consecuencias, Mireille me hizo el siguiente comentario:

—Yo a mis hijos les pongo consecuencias, nunca uso castigos. Tengo unos gemelos, uno de ellos tiene un temperamento muy fuerte y todo el día le pega al pobre de su hermano. Entonces, cuando Santiago le pega a Luis, le quito un privilegio. Normalmente es su patín, y le quito el derecho de usarlo hasta el día siguiente.

¿Qué opinas? ¿Esto es un castigo o una consecuencia?

En este capítulo, te daré estrategias muy puntuales de qué no recomiendo hacer, qué sí recomiendo y qué pasos seguir exactamente cuando te enfrentes a un berrinche.

A. QUÉ NO RECOMIENDO

Empezamos revisando qué no recomiendo hacer, no solo por mi propia decisión, sino porque estudios de neurociencias y desarrollo infantil han demostrado que perjudica a los niños y a su salud mental y emocional.

Te darás cuenta de que muchas de ellas son estrategias que utilizamos hoy en día creyendo que funcionan y, siendo realistas, probablemente en un principio o en algún momento te funcionaron, pero ya te percataste de que no funcionan siempre o no siempre tan bien. Aquí te van las estrategias que hay que evitar.

Los castigos

Tenemos muy arraigado imponer castigos, inscrito de alguna manera en nosotros mismos por las personas que nos criaron; pero, la verdad, es que no funcionan y mucho menos enseñan.

En primer lugar, normalmente no tienen una ilación lógica, es decir, carecen de conexión y coherencia. "Fuiste grosero con tu abuela, te quedas sin postre". ¿Acaso cuando eres grosero con alguien te quedas sin postre? Nunca en la vida. No es lógico. Como vimos en el caso de Mireille con Santiago, prohibirle usar el patín no tiene nada que ver con que le pegó a su hermano, porque se encuentran en niveles totalmente diferentes. Usamos castigos por miedo a que nos resten poder y control. Para que funcionen deben estar en el mismo nivel y esto se llama consecuencia.

En segundo lugar, y es lo que me parece más importante, no funcionan porque cuando castigas lo haces desde el enojo, queriendo ganar una lucha de poder con tu hijo; lo haces con el afán de que le duela para que se acuerde y no lo vuelva a hacer. Aquí no estás siendo ni empático ni compasivo hacia él y hacia sus emociones.

Honestamente, ¿crees que, si un castigo no le duele, no va a aprender? Te invito a reflexionar sobre ello. Lo cierto es que es una falsa creencia. Si los castigos que duelen funcionaran para aprender, los usaríamos de adultos en nuestro trabajo y con nuestra pareja.

La tercera razón por la cual no recomiendo el castigo es porque le quitas el enfoque de lo que hizo mal y se la pasas al castigo.

Mireille, al castigar a Santiago con el patín, le quitó completamente el enfoque del golpe a su hermano y lo trasladó al patín. Santiago, en vez de estar pensando: "La regué, pobre Luis, le pegué horrible", está pensando: "Mi mamá me castigó, es una mala". Entonces, la energía de la acción se traslada a que su mamá lo castigó y no en la sensación de que le hizo daño a su hermano. El niño se queda con una idea y sensación totalmente desvinculadas de lo que hizo. Permanece con un sentimiento de injusticia, porque, cuando nos castigan, nos quedamos con la sensación de ser víctimas. "Es que es culpa de mi mamá, porque me castigó y me mandó a mi cuarto". Y lo más probable es que al día siguiente le vuelva a pegar o a repetir una acción negativa, porque era la manera en que su mamá reaccionaba.

La cuarta razón es que normalmente castigamos con algo que les duele, como Mireille hizo con el patín de Santiago: dejas de ser empático con él. No te enfocas en lo que realmente está pasando y lastimas a tu hijo, porque le estás quitando algo que es importante para él. De esa forma el enfoque que le das al castigo es destructivo y no constructivo. Y repito, los niños no aprenden con esto. Si un niño crece castigado, aprenderá a castigarse a sí mismo y a los de su alrededor.

Entiendo que los castigos son la primera opción, llegando a veces a manifestarse de manera instintiva, como un arranque repentino en respuesta a la acción del niño. Y es así porque no nos han enseñado otra manera de hacerlo, crecimos siendo educados con premios y castigos.

Los castigos pueden funcionar, pero tienen un efecto a corto plazo: en el momento probablemente dejará de comportarse como lo estaba haciendo, pero no aprenderá el porqué. De la misma manera, si yo estoy hablando muy fuerte en un restaurante y una persona me grita: "¡Cállate!", me voy a callar, pero me voy a sentir víctima de su agresión, ofendida, y probablemente no aprenderé a hablar con la voz un poco más baja en lugares públicos.

Los castigos se usan como una forma de controlar y de demostrar poder, "A ver, ¿quién gana?, ¿tú o yo?", y seamos honestos, siempre eres tú quien gana, porque eres el adulto. Al castigar, colocas a tu hijo en una posición de víctima, ellos son los pobrecitos y los lastimados, porque, a fin de cuentas, Mireille le quitó el patín a Santiago y no lo responsabilizó porque no lo ayudó a entender la conexión entre la acción y el castigo.

Gaby, una de mis alumnas de un taller, me platicó que siempre pellizcaba a su hermano, y en una ocasión su mamá la cachó y le dio una nalgada. Ella no dejó de pellizcarlo, pero ahora lo hacía a escondidas y amenazaba al pobre de Carlitos: "Si me acusas, te voy a pellizcar más fuerte". Gaby, como todos los niños, aprendió a evadir el castigo de su mamá.

¿No crees que hubiera sido completamente diferente si la mamá de Gaby, en vez de darle una nalgada, hubiera sido empática con ella? Imagínate que hubiera entendido que Gaby estaba celosa de Carlitos y que esa era la manera en que estaba reaccionando ante esta emoción. Al echarse un clavado a su iceberg se habría dado cuenta de esto, y en lugar de querer controlar la acción hubiera regulado su emoción. ¿Qué tal si la hubiera ayudado a manejar su emoción, proporcionándole otras alternativas y enseñándole? Gaby habría entendido y posiblemente no lo hubiera repetido.

Tengo un primo que, cuando era adolescente, siempre que salía con sus amigos tomaba de más y mi tío lo castigaba durante dos meses. Cuando terminaba ese tiempo, le levantaba el castigo y mi primo volvía a salir, otra vez se emborrachaba y lo volvía a castigar. ¿Tú crees que esta estrategia le funcionaba a mi primo? Por supuesto que no, porque en vez de que se sentaran y hablaran con él, le pusieran consecuencias, le explicaran qué podía hacer y qué no, solo lo castigaban. Ve cómo los castigos no enseñan, lo que sí hacen es que *el niño obedezca por miedo al castigo*.

La obediencia no debe venir del miedo. Tenemos la creencia de que queremos que nuestros hijos sean obedientes, pero ese no es el objetivo de la crianza emocional. Queremos verdaderamente que nuestros hijos formen su compás interior, que entiendan las razones por las cuales hacen lo que hacen, que comprendan y se responsabilicen de sus comportamientos y de las consecuencias, y que actúen por una motivación interna y no externa.

¿Crees que, usando la crianza emocional, el comportamiento de Gaby o de mi primo hubieran cambiado? Yo estoy convencida de que sí.

Cuando castigas solo dejas en tu hijo un sentimiento de venganza contra ti, y lo que sucede es que sigue haciendo lo que está mal, pero ahora a escondidas. Los castigos generan una doble moral de víctimas y victimarios.

Queremos que nuestro hijo aprenda a cooperar, que sienta una motivación interna y que así no repita la mala acción. Somos una sociedad llena de víctimas y debemos cambiar esta postura. Es hora de responsabilizarnos, ya somos adultos. La responsabilidad nos proporciona el poder para elegir las acciones y comportamientos que tuvimos y las consecuencias que conllevan.

Te recomiendo sacar a tu hijo del papel de víctima y meterlo en el espacio de la responsabilidad, para que entienda que cada acto, cada comportamiento, cada acción tiene un efecto y una consecuencia.

Castigar es contraproducente, porque los niños se vuelven sumisos o rebeldes. Lo que deseamos es que los niños sean seguros de sí mismos y asuman sus acciones, y tengan confianza en ellos y en sus decisiones. No nos interesa que se sometan a los demás y obedezcan o que se rebelen en contra de la autoridad. Queremos que hagan las cosas por voluntad propia.

En resumen, los castigos generan resentimiento y no propician el aprendizaje. Además, desvinculan y desenfocan la atención de lo que pasó y el comportamiento que se tuvo. A veces son demasiado exagerados y desproporcionados a la acción o se minimizan.

Te voy a platicar de algunos de los castigos que se utilizan.

El time out *(tiempo fuera), la sillita de pensar o el "vete a tu cuarto"*

El tiempo fuera es una técnica que consiste en mandar a tu hijo a una esquina, a su cuarto o a una sillita de pensar por una cantidad de minutos equivalente a su edad. Por ejemplo, si tu hijo tiene 2 años serían 2 minutos; si tiene 3 años serían 3 minutos, y así sucesivamente. Justo en el momento que se porta mal, tú le dices: "tiempo fuera". Entonces el niño debe irse solito a meditar qué hizo mal y tranquilizarse. Cuando acabe el tiempo le dices: "¿Ya pensaste lo que hiciste mal? ¿Ya te vas a portar bien?", y regresa contigo entendiendo por qué lo mandaste ahí. Ese es el concepto de cómo funciona. Esta es una de las técnicas heredadas de la psicología cognitivo-conductual que pretende retirar al niño del lugar donde realizó una conducta no deseada y eliminar la acción o el comportamiento. Si te fijas, se enfoca en la conducta sin considerar las emociones del niño.

Cuando lo mandas al *time out* ignoras su emoción, y aunque digan que no, es un castigo. Lo más preocupante de esta estrategia es que le condicionas tu amor. El mensaje que le estás dando inconscientemente es: "Si te portas bien, puedes estar aquí con mamá", "Si te portas bien te acepto y te amo", *peeero* "Si te portas mal, te vas para allá", "Si te portas mal te separo de mí", "No acepto tus emociones desagradables" y cuando se haya tranquilizado: "Ya te estás portando bien, puedes regresar", "Tus emociones son agradables, entonces te acepto de regreso". En otras palabras, el mensaje inconsciente es: *Si te portas bien te quiero, si te portas mal no te quiero.* Y el que tienes que darle es que tu amor hacia él es incondicional y no depende de sus emociones o sus comportamientos negativos. "Yo voy a estar contigo y te voy a ayudar a sentirte mejor", "Te voy a ayudar a portarte mejor", "Te amo, te portes bien, mal o peor".

Con este método el niño se pseudorregula y regresa contigo, diciéndote lo que sea necesario para que lo vuelvas a querer y quieras estar con él. Nadie en la silla de pensar piensa de verdad en lo que hizo mal; al revés, está con el sentimiento de "necesito regresar como sea con mi mamá". Acuérdate de que en el momento del berrinche su corteza prefrontal está "secuestrada" por la amígdala; así que está desconectada y en ese momento no logra razonar. Necesita estar tranquilo y conectado para que logre entender qué hizo mal.

Amenazas

"Si no te metes a bañar,
no te leo un cuento antes de dormir".

"Si no saludas a tu abuelo, no te dejo ver la tele".

"Si no vas a tu clase de natación,
te quedas sin regalos de Santa Claus".

"Si le vuelves a pegar a tu prima,
te quedas sin ir a Disney".

¿Te ha pasado que has dicho alguna de estas amenazas?

Cuando amenazas a tu hijo, te obedece por miedo y por no querer que cumplas lo que le habías advertido. Las amenazas acaban siendo un castigo desproporcionado e ilógico respecto a la acción no cumplida. ¿De verdad no ir a la natación es proporcional a no recibir regalos navideños?

Tendemos a amenazar con cosas que no acabamos cumpliendo porque sí le vas a dar el regalo, sí le vas a contar el cuento y sí lo vas a acabar llevando de viaje. Tu hijo después aprende que tus amenazas están vacías, que no las vas a cumplir y que le estás mintiendo. Las amenazas dejan de tener impacto y, al revés, son contraproducentes porque dejan de confiar en ti y en lo que dices.

Ultimátums

"A las de tres dejas de jugar... uno... dos... tres...".

¿Te suena esta frase?

Es típico dar ultimátums o contar hasta tres. No lo recomiendo, ya que se vuelve una lucha de poder en la que el niño va a esperar hasta el último momento para hacer lo que le estás exigiendo. Al ponerle un ultimátum lo estás amenazando, y la motivación no viene de él mismo. Y aquí nuevamente aparece el miedo y te va a obedecer por temor a qué va a pasar cuando llegues a tres.

Ignorar o hacer la "ley del hielo"

La ley del hielo es el acto consciente y deliberado de suspender la comunicación con otra persona. Con nuestros hijos la utilizamos como castigo por un comportamiento no deseado o un berrinche. Aunque le hagamos la ley de hielo o lo ignoremos, le comunicamos algo: estamos castigando su comportamiento.

Yo te recomiendo siempre hablar las cosas y decirlas como son. Ignorar a una persona es una acción pasivo-agresiva y a tu hijo le envías el mensaje de: "No eres importante para mí y tus emociones no valen aquí", "Estás sintiéndote mal y a mí no me interesa", "Te estoy manipulando con mi silencio para que te comportes como yo quiero". Actuar de esta forma crea distanciamiento; hace sentir a tu hijo inseguro; afecta su batería emocional; se activa en su cerebro la misma área del dolor físico; debilita su relación; aprende a ignorarse a sí mismo, a sus emociones y a los demás, y sentirá una frustración tan grande que hará mil cosas para tratar de llamar tu atención, a fin de que lo ayudes a sentirse mejor y para que le rellenes su batería.

Definitivamente ignorar no funciona, ya que el niño buscará conectar con sus padres de cualquier otra forma, haciendo uso de las pocas herramientas que guarda en su cajita, y que no siempre son positivas.

Lavar la boca con jabón

A muchas personas de nuestra generación se lo hicieron y estoy segura de que todavía hay algunos que lo siguen practicando. Este es uno de los castigos más terribles y lo aplicaban cuando los niños decían una grosería o mala palabra.

Ernesto llegó del colegio y le dijo a su mamá:
—Eres una estúpida.
—¿Por qué me dices estúpida? Niño malcriado, te voy a lavar la boca con jabón para que aprendas.
Su mamá lo agarró por una oreja, lo llevó al baño y le lavó la boca con jabón.

Para Ernesto, la palabra *estúpida* no tiene la misma carga que para su mamá o un adulto. Solo es una palabra que dijeron sus amigos en la escuela, le pareció muy simpática y entre todos se rieron. Pero al llegar a casa y decirla, vio una reacción negativa de parte de su mamá y su cerebro le anunció: "Esta palabra algo tiene". Notó que cuando llama a su mamá *estúpida*, ella se enoja y eso llama su atención. Él percibe que al usar esa palabra su mamá reaccionó, y acuérdate de que *una reacción negativa es mejor que ninguna reacción*, así que va a meter la palabra *estúpida* en su cajita de herramientas y utilizará cuando necesite conectar con ella, ya que ya comprobó que funciona.

A menudo los niños repiten groserías y malas palabras que escuchan en la casa, en la escuela o con familiares. Te recomiendo dejar de mirar la palabra con los lentes de adulto, porque para el niño no tiene el mismo significado ni la misma carga que tienen para ti. Él la repite desde la travesura, pero cuando ve que causa en ti una reacción, se le prende un foquito y dice: "Mmm, esto funciona, va directo a mi caja de herramientas". Espero que la próxima vez que tu hijo diga una grosería lo veas con diferentes ojos. Mejor explícale que esa es una palabra que no te gusta y que es irrespetuoso decirla, que la regla es no decirla. Y por favor, no le laves la boca con jabón, porque es agresivo y muy violento.

Castigos físicos

Las nalgadas, manazos, zapes, pellizcos, quemaduras o cualquier tipo de castigo físico tampoco funcionan. Un golpe frena el impulso en el momento, tal como si yo fuera caminando por la calle y alguien me da un zape; instintivamente yo dejaría de caminar y me detendría a ver qué está pasando, porque, obviamente, si hay una violencia habrá una reacción de mi parte. Y en el caso del niño, claro que va a dejar de pegar, llorar o de hacer aquello que estaba haciendo.

En general, no suelo satanizar ninguna estrategia de crianza, pero en esto sí soy MUY estricta. La crianza debe ser SIN GOLPES Y SIN MALTRATO FÍSICO. Nos quejamos de que somos una sociedad violenta, de la violencia doméstica, de los asesinatos y de los actos de vandalismo, pero no se nos ocurre que esta violencia empieza en casa en los primeros años de vida.

> **Un niño violentado se convierte en un adulto violento.**

Pegarle a los niños es un acto de agresión terrible, y te voy a dar seis razones por las cuales no debes hacerlo.

1. *Duele*: tú eres la persona que más lo tiene que cuidar y evitarle el dolor; no seas la persona que le cause más dolor o estrés.

2. *Afecta el vínculo*: diariamente estás fortaleciendo el vínculo, porque, a través de él, es que tu hijo sobrevive en el mundo. Si le pegas o lo violentas estás vaciando su batería y poniendo en riesgo su conexión.

3. *Perjudica el apego*: el objetivo es que se cree un apego seguro y si le pegas aumentas su estrés, y el apego que se formará es más bien inseguro o desorganizado.

4. *Es incongruente.* Los padres le pegan a sus hijos cuando ellos pegan, y ese mensaje es confuso para ellos. Un niño puede preguntarse: "Si tú me pegas, ¿por qué yo no puedo pegarle a mi hermanito?".

   La crianza debe ser congruente para que a los niños les haga sentido. El mensaje debe ser lógico para que cumplan los límites y las indicaciones.

5. *Violencia genera violencia*: si le pegas a un niño, aprende que con golpes se resuelven los problemas. Debemos estar muy pendientes de esa etapa en la que los niños son más agresivos por naturaleza y van a pegar porque es parte de su desarrollo normal. Es normal que en el kínder peguen. Pero cuando ya son más grandes, y usan la violencia como método de resolución de problemas, es probable que lo hayan aprendido en su casa o traigan algo atorado emocionalmente.

6. *Deja heridas emocionales*: los golpes físicos dejan en los niños heridas emocionales y les crea mucha inseguridad, porque el niño piensa: "Si me pega es porque soy malo" y deja de confiar en sus papás. Estos dejan de ser un refugio seguro al cual puede acudir cuando lo necesite. Esta pérdida de confianza en los papás a la larga se vuelve una pérdida de confianza en ellos mismos, por lo que su autoestima se ve afectada.

Otras estrategias que recomiendo *no* hacer al momento de un berrinche son:

No te pongas nervioso

Confía en ti y en tu instinto. Tú tienes la capacidad de regular a tu hijo. Cuentas con todas las herramientas, y más después de leer este libro. Te aseguro: estás preparado y lo podrás hacer solito.

Que tu hijo no te dé miedo

Es muy importante que no te asustes frente a un berrinche. Tú eres el adulto en esta relación y te aseguro que ¡tú puedes con esto! Estás preparado. No cedas en tus límites por miedo a su reacción emocional o a un comportamiento negativo.

No pierdas la paciencia

Si tu hijo pierde la paciencia necesita que tú no la pierdas, porque la situación, lejos de disminuir, se pondrá peor. Su batería se vacía rápidamente y requiere que tú se la rellenes. Pero si pierdes la paciencia, no podrás conectarte con él para rellenársela, y el resultado puede ser un desastre total. Recuerda que, para poder regular a tu hijo, primero tienes que regularte a ti.

No te lo tomes personal

No te atribuyas su conducta. "Es que mi hijo lo está haciendo para fregarme", "Lo hace para molestarme". ¡No, no lo hace por eso! No está en tu contra, no te está haciendo pasar una vergüenza a propósito y no te hace el berrinche a ti. Pierde el control, se vacía su batería y no puede regularse solito. Con su berrinche te está avisando que necesita que lo ayudes.

No lo sermonees

Evita darle una lección o sermonearlo durante el berrinche. Ya te platiqué que durante el berrinche el cerebro se encuentra inundado de emociones y el área que razona está desconectada.

Entonces, si lo sermoneas durante el berrinche, le va a entrar por un oído y le va a salir por el otro o, peor, ni le va a entrar, porque literalmente no escucha nada. Espérate cuando esté tranquilo para explicarle, reflexionar y razonar junto con él.

No pierdas el control

¿Cómo te sentirías si tu jefe te gritara cuando cometes un error?

Sería violento, lo sentirías como una agresión y probablemente dirías: "¿Por qué me grita? Esa no es la manera de decir las cosas y solucionar el error". Si a ti no te gusta que te griten, ¿por qué le gritas a tu hijo?

Tú ya tienes el cerebro maduro y puedes controlarte cuando él se descontrola.

No lo descalifiques

Hacerle comentarios negativos como: "Niño malcriado, ya no puedo contigo", "Nadie va a querer jugar con un niño chillón como tú", "Te ves bien fea enojada", hacen que se desvalorice. Le das un golpe en la autoestima. No hay que hacerlo, porque deja huellas para toda su vida. La manera en que le hables a tu hijo en la infancia, se volverá su voz interior en la adultez.

> ❝ Las palabras que uses hoy para disciplinar a tus hijos se convertirán en las palabras que usen para disciplinarse en su mente por el resto de su vida. ❞
>
> BECKY BAILEY

¿Cuáles quisieras tú que fueran estas palabras?

No lo etiquetes

Cuando le pones etiquetas, tanto negativas como positivas, lo encasillas. Y le quitas oportunidades de ser alguien más del que le estás permitiendo ser. Le quitas todo un abanico de posibilidades.

Normalmente el niño tiene muchas posibilidades de ser, pero al ponerle una etiqueta, se compacta a ser solo eso. Esto aplica también a las etiquetas positivas, no solo a las negativas. Al decirle a una hija que es inteligente, linda y bonita, la condenas a solo ser eso. Hay que separar las acciones del ser. *Tu hijo no es su comportamiento.* Se enojó, pero no es un enojón. Hizo un berrinche, pero no es un berrinchudo. Lloró, pero no es un llorón. Sus emociones no son ellos, no los definen.

No hagas que se sienta culpable o avergonzado

Tendemos a culparlos o avergonzarlos. "Qué oso me estás haciendo pasar", "Todo el mundo te está viendo", "Ve cómo le dejaste la cara a tu hermanita, pobrecita". Con este tipo de comentarios vas a aumentar su sensación de malestar y esto no será un aprendizaje positivo; dejará de hacerlo por una culpabilidad y no porque entendió las razones detrás de sus actos. Él ya se siente mal por lo que hizo, no lo hagas sentirse peor.

No lo ignores ni seas indiferente

En una ocasión vi a un niño llorando con todas sus fuerzas en una fiesta infantil, y la mamá, al lado de él, les decía a sus amigas: "¿Escuchan algo? Yo nada". Seguía platicando, mientras el niño tenía el rostro encendido y pataleaba. La mamá continuó diciendo: "¿Escuchan algo? Yo no reacciono a los gritos y llantos. Yo solo reacciono cuando me hablan bajito y bonito".

El pobre niño perdió por completo el control y su mamá seguía actuando indiferente a su berrinche.

Ignorar a tu hijo aumenta su estado de berrinche y exaltación para buscar que le prestes atención. Y cuanto más tiempo seas indiferente, más se va a vaciar su batería y su berrinche aumentará en intensidad para que le hagas caso.

No le pidas lo imposible

Muchas veces los padres les piden a los niños cosas que todavía no pueden hacer por sí solos por su edad. La explosión emocional se debe a su poca madurez cerebral y a su poca asertividad para manejar estas emociones. Entonces no le pidas a tu hijo que haga cosas para las cuales no está preparado todavía. No le pidas lo imposible. Observa su edad y su nivel de desarrollo, y date cuenta de lo que puede o no lograr o hacer.

No impongas una autoridad excesiva

Por último, no seas excesivamente autoritario, porque ante este tipo de rigidez lo único que lograrás es que su cerebro se bloquee, no va a saber cómo actuar ni responder, no aprenderá estrategias nuevas; pierde conexión contigo, se le vacía su batería y deja de sentir tu empatía.

No premies

En conclusión, no recomiendo los castigos, porque son contraproducentes y, lejos de enseñar, desestabilizan física y emocionalmente a tu hijo. Y esto aplica igualmente para los premios. Seamos honestos, los premios son un chantaje, un soborno para que los niños obedezcan. "Te doy un chocolate si te tomas la foto familiar", "Te doy una galleta para que me dejes comer", "Si recoges tus juguetes, te leo un cuento". Todos estos son sobornos. No los estoy satanizando, pero debes tener muchísimo cuidado, porque si los premios son mal utilizados terminan siendo contraproducentes.

Si acostumbras a tu hijo a recibirlos cada que haga algo, cuando no quieras darle un premio no va a hacer lo que le pides, porque sentirá que su conducta o su responsabilidad no fue pagada.

Me gustaría también agregar que los premios vienen de fuera, es decir, son externos, y estoy segura de que buscas que tu hijo forme su brújula interna, que tome sus decisiones desde el análisis, el pensamiento lógico y su propia determinación, y no que haga las cosas por una recompensa o por recibir algo a cambio de una acción.

Otra de las razones por las cuales no recomiendo premiar a los niños es porque comúnmente los agresores de abusos sexuales los utilizan para acercarse al niño o para evitar que expresen el abuso del que son víctimas: "Ven, te voy a dar un premio", "Si no dices nada, yo te doy un juguete".

Debes quitarles el peso a los premios y ayudarlo a potencializar su motivación interna, para desplazar su iniciativa del exterior a su interior.

Además, al igual que los castigos, los premios condicionan. Se basan en: "Si haces esto, te doy esto", premio o castigo y le toca algo positivo o algo negativo dependiendo de su conducta.

Ya acabamos la eterna lista de lo que no podemos hacer. Pero ahora te voy a platicar de lo que *sí* puedes hacer y cómo puedes hacerlo para regular exitosamente un berrinche, a partir de la crianza emocional.

B. QUÉ SÍ RECOMIENDO

Sé la calma en la tormenta de tu niño. Sé la voz que invita al alivio, no el grito que aumenta el susto y la desesperación. Un adulto alterado/descontrolado no será capaz de contener nunca un berrinche o pataleta, pues para pedir calma, debemos ofrecerla primero. El adulto eres tú, y lo que tu hijo ve de ti es lo que hará. Si ante una situación difícil tú explotas, él también explotará. Si, por el contrario, respiras, te acercas y buscas una solución, lo que le das es un hermoso regalo que se llevará de ejemplo para toda la vida. Nuestro trabajo no es ni siquiera detener el llanto o la rabia, sino acompañar, estar, amar. Sé el tipo de persona que quisieras tener al lado cuando estás muy molesto, alguien que respete y valide lo que estás sintiendo, no que trate de cortarlo prepotentemente. Sé alguien empático y amoroso, alguien que tiene la seguridad de que, pronto, todo estará mejor.

NAOMI TOMA

Fernando está en el súper con la pequeña Male. Al pasar por el pasillo de los dulces, Male le pide a su papá que le compre un chocolate. Fernando muy pacientemente le explica:

—Male, acuérdate de que no ibas a pedir dulces. Ya es muy tarde y no puedes comer chocolates. El azúcar te acelera y después no duermes.

Al escuchar que le dijeron que no, Male se tiró al piso pataleando y gritando:

—¡Quiero chocolate, papá!

Fernando, sin saber qué hacer, sintiéndose juzgado por todas las señoras del súper, la jaló del brazo, le dio una nalgada y la subió al carrito a la fuerza. Obviamente el berrinche de Male aumentó, se puso a gritar más fuerte y Fernando, apenado, sin saber qué hacer, decidió salirse y molesto se la llevó al coche. Todo el camino hasta llegar a la casa lo pasó regañándola y gritándole furioso. Male no dejó de llorar hasta que se durmió agotada.

¿A quién no le ha pasado una situación más o menos parecida?

Quiero empezar este punto subrayándote, que siempre, siempre, *debes considerar las necesidades del niño*. En el momento que pierda el control y empieza a hacer un berrinche, debes preguntarte:

¿Qué está sintiendo?

¿Qué emoción hay detrás de esto?

¿Qué está pensando?

*¿Qué me está tratando de comunicar
o de decir con este comportamiento?*

¿Por qué lo está haciendo?

¿Qué quiere conseguir?

Es importante que analices la situación porque, con su comportamiento, tu hijo siempre te está tratando de decir algo.

Cuando te eches un clavado hacia las profundidades de la mente de tu hijo podrás ayudarle de una mejor forma, porque te estás poniendo en sus zapatos y lo estás mentalizando.

Entonces, ¿qué hubiera podido hacer Fernando diferente? Repasemos la situación.

Fernando lleva a Male al súper, una actividad que para los niños no es atractiva y seguramente ya era tarde. El papá, apurándose, compraba rápido y estaba desconectado de Male. Cuando Male vio el chocolate, lo quiso. Y en el momento en que no se lo dieron, se soltó a llorar y a hacer berrinche. Su comportamiento (llanto y pataleo) es la punta del iceberg. Es lo que podemos apreciar a simple vista. Pero ¿qué hay debajo de su comportamiento? ¿Qué hay en la parte del iceberg sumergida en el fondo del mar? ¿Cuáles eran sus emociones?

Viéndolo desde el punto de vista físico, probablemente estaba cansada, agotada y con hambre. Desde la perspectiva emocional, se sentía desesperada, frustrada y harta de estar haciendo el súper. Al negarle el chocolate, su emoción fue de enojo y frustración. Lo que gatilló el berrinche fue que Fernando no le quiso dar el chocolate. El berrinche es la parte visible del iceberg, pero, si profundizas más, lo que Male siente es enojo y frustración y lo que quiere conseguir es que su papá la ayude a regularse. Esa emoción, que al principio empezó con el chocolate, se convirtió en una explosión emocional que no pudo controlar solita.

Tal vez Fernando pensó que Male lo estaba manipulando, que se estaba comportando como una niña malcriada y lo estaba desobedeciendo, pero no es eso. Lo que de verdad necesitaba era que le rellenara su batería y que la ayudara a regular su emoción. Es muy importante y necesario que los papás observen a profundidad qué hay detrás de los berrinches de sus hijos, para así ayudarlos.

Ahora sí, lo prometido es deuda, y aquí está la lista específica de las cosas que *sí* puedes hacer para que la regulación de tu hijo durante un berrinche sea exitosa:

Primero cálmate tú

Siempre lo voy a repetir. Este es el paso uno, es la base de todo. Si tú no estás regulado ni calmado, no hay manera de que lo regules o lo calmes. No puedes tranquilizar a tu hijo si tú no lo estás. No puedes enseñarle herramientas si tú mismo no las estás utilizando. Acuérdate: sé la calma en su tormenta.

Ponte a su altura

Seguro has tratado de regular a tu hijo estando de pie, pero cuando te voltea a ver solo ve tus rodillas. Bájate a su nivel.

Ponerte a su altura es tremendamente benéfico porque logras que te preste atención y garantizas una mejor comunicación mirándolo directamente a los ojos, ya que es la ventanita por donde entra la empatía. Además, se va a sentir comprendido por ti. Lograrás rellenar su batería de una manera más eficiente. No lo subas a una mesa o a una silla para estar a tu altura, ya que se puede lastimar; mejor bájate tú.

Trátalo con respeto

Recuerda que un niño, para ser respetuoso, primero tiene que ser respetado.

Somos una sociedad muy adultocéntrica. Creemos que todo lo que pensamos está bien y tenemos la razón, y algo que siempre les pido a los papás en las asesorías es que traten a sus hijos como tratan a los demás adultos. "No entiendo, ¿qué tratas de decirme Michelle?".

A ver, platícame, ¿tú serías capaz de pegarle o gritarle a un adulto? No, ¿verdad? Entonces, ¿por qué sí le pegas o le gritas a tu hijo? Quizá no le pegas, pero seguramente pierdes la paciencia en algunas ocasiones y te descontrolas. Tendemos a tratar a nuestros hijos de una forma que jamás trataríamos a nuestros amigos, a nuestra pareja o a un colega.

Si un día tu hijo está de mal humor le dices: "No puede ser, eres un berrinchudo y un caprichoso", pero tú sí puedes estar de mal humor. Algo que concluyo es que en nuestra sociedad le hemos perdido el respeto a la infancia. Sucede mucho que cuando llega una mamá con su bebé a una reunión de amigas o tías, todas quieren cargarlo. Nadie se preocupa por si el bebé quiere o no ser cargado. Si no quiere, podemos escuchar: "Voltéate, mamá, para que no te vea y se quiera venir conmigo". El bebé puede estar llorando y nosotros incitamos que deje de ver a su madre para que se quede con nosotros, sin respetar lo que el niño quiera o no. Es muy importante respetar a los niños y entender cada una de las etapas en las que transita su vida. No hay que obligarlos a ser cargados o a que nos saluden de beso solo por ser niños. Tampoco hay que frenarles sus emociones ni sus malestares. Tenemos que empezar a fijarnos más y a respetarlos desde que nacen.

Conéctate

Para mí este es el punto más importante. Como dice Daniel Siegel, muchas vamos con el "piloto automático puesto" y no nos damos cuenta de la falta de conexión que tenemos con nuestros hijos. Acuérdate de que *la mayoría de los malos comportamientos son falta de conexión* y esto me lleva al siguiente punto.

Rellénale su batería

Lo que más quieren y necesitan los niños es que les cargues su batería. Una batería llena es igual a tranquilidad, buen comportamiento, confianza, seguridad emocional, capacidad de explorar, comer, dormir, jugar y aprender.

Qué sí rellena su batería:

- Ser una base segura desde donde sale
- Permitir que explore en un espacio libre de riesgos
- Ser su refugio seguro
- Responder a sus necesidades físicas y emocionales
- Ponerte a su altura
- Ayudarlo a calmarse
- Enseñarle a regular su emoción
- Enseñarle a descargar su emoción
- Tener tiempo de calidad
- Apapacharlo, abrazarlo y darle mucho afecto
- Sintonizar con lo que siente y validar su emoción
- Ser empático y ponerte en su lugar
- Ver qué necesita específicamente y ayudarlo
- Hablar sobre sus emociones
- Darle la seguridad y la confianza de que si te necesita vas a estar ahí

- Asegurarle que vas a regresar por él cuando lo dejes en algún lugar
- Cumplir tus promesas
- Establecer límites firmes y amorosos, y cumplirlos
- Ponerle rutinas y cumplirlas
- Comprender su nivel de desarrollo
- Fomentar su autonomía y empoderarlo

Acompáñalo a que se calme

Si lo mandas a su cuarto con el objetivo de que se regule solito, estás distanciándolo de ti en el momento en el que más te necesita. Recuerda que debes ser su soporte y su contención. Desde el instante en que empieza su berrinche hasta que acaba, acompáñalo.

Que te sienta cerca

Es importante que te mantengas cerca de él durante el berrinche, ya sea hablándole o, si lo permite, tocándolo. En este caso, él marca la pauta; tú solo lees y atiendes su necesidad. Puedes decirle algunas pocas palabras para que te sienta cerca. Yo te recomiendo en este momento mencionarle la emoción que está sintiendo: "Veo que estás muy enojado", "Veo que te sientes frustrado", "Veo que te sientes triste y celoso". De esta forma comienza a reconocer la emoción que está experimentando.

Si él te lo permite, tócalo. No necesitamos apapacharlo ni atosigarlo, simplemente es suficiente con que sienta tu contacto y, cuando él necesite más, te lo pedirá. Ojo, si no permite que lo toques, respétalo; no te enojes y sigue acompañándolo. Acuérdate de que el enojo nos ayuda a ponerle límites al otro. Es más, piénsalo: cuando estamos enojados no soportamos que nos toquen o nos abracen hasta que nos calmamos.

Entonces lee las señales y las pautas que él te marca.

Tú sabes perfectamente cómo es tu hijo: si no le gusta tanto el contacto físico o si necesita un abrazo o contención. Si no lo acepta, simplemente quédate ahí. De esa forma le harás saber que estás a su lado y que lo vas a ayudar a sentirse mejor. Tu mensaje va a ser: "Cuando estés listo, aquí estaré para ti" y "Te estoy acompañando". Lo importante es que él te sienta ahí cerca, acompañándolo, aunque sea a través de tu voz.

Dale alternativas

Cuando le digas que no puede hacer algo, dale la opción de qué sí puede hacer. Su cerebro es como un rompecabezas: cuando le dices que no puede hacer algo, le estás quitando esa pieza, así que la tienes que sustituir por algo más. Por ejemplo: "No puedes brincar encima de la cama, pero puedes brincar sobre este tapete".

Permite que descargue sus emociones

Estamos acostumbrados a bloquear, reprimir, minimizar o distraer nuestras emociones y tenemos que entender que las emociones se sienten en el cuerpo y se necesitan descargar.

Primero empezamos a sentir las emociones, luego crecen, llegan a un punto máximo y explotan. Cuando se produce el berrinche, el niño tiene su emoción al máximo, y si no le ayudas a descargarla se le queda atorada y guardada en el cuerpo. Esto es terrible, porque crecen como adultos con muchos problemas, tanto físicos como emocionales.

Las emociones deben ser descargadas de manera asertiva y segura. Tienes que dejar que tu hijo descargue su emoción, pero de una forma positiva, sin lastimarse a él ni al otro. Puede ser que se sienta enojado y empiece a pegar. Ponle primero un límite: "A mamá no se le pega", y dale una alternativa como un cojín para que le pegue; si muerde, dale una toalla para que haga lo mismo; si grita, permítele que termine de gritar con todas sus fuerzas, todo esto con el objetivo de que descargue su emoción. Si tu hijo siente enojo y frustración, déjalo que corra y brinque. Ofrécele un espacio para que aligere sus emociones. También puedes enseñarle a respirar; existen diferentes estrategias que le pueden funcionar dependiendo de su edad. Busca alternativas que te gusten y enséñaselas a tu hijo.

Este consejo tómalo tú también y, en vez de tragarte tu emoción, descárgala. Métete al coche y grita con todas tus fuerzas, haz ejercicio, ve a una clase de box o corre. No importa cuál sea el método que uses, lo importante es que sea asertivo, seguro y no te perjudique a ti ni a nadie.

Time in

Ya te platiqué del tiempo fuera, y ahora te presento el tiempo dentro: el *time in* que expresa "estoy contigo", "estamos juntos", "te voy a ayudar a regularte", "me voy a conectar contigo" y "voy a rellenar tu batería". El *time in* es para estar juntos, a menos que él te pida estar solito. Si este es el caso, explícale que ahí vas a estar cuando te necesite.

Por ejemplo, si hace un berrinche en la tienda, lleva a tu hijo a una esquina tranquila, sin estrés ni gente, o te recomiendo irte al coche. Si están en una fiesta infantil, llévalo dentro de la casa o al baño. El objetivo es que sea un lugar donde no haya muchos estímulos para que pueda acabar de expresarse, soltar esa emoción y regularse. Trata de no hacerlo frente a los demás para que no se sienta juzgado. Probablemente en el lapso en el que te lo llevas a un lugar tranquilo haga berrinche, pero ya cuando llegues ahí va a ser más fácil ayudarlo a regularse.

En tu casa te recomiendo tener un rincón de la calma donde puede tener herramientas que lo ayuden a calmarse: un cojín, un libro, un saco de boxeo, una pelotita de estrés, su peluche favorito, plastilina, una botella de la calma, entre otros. Recomiendo que armen este rincón de la calma juntos para que tenga objetos que lo hagan regresar a ella.

Consecuencias

Las consecuencias son la contraparte y lo opuesto a los castigos.

La vida está llena de consecuencias, sobre todo en la adultez. Si no le pones gasolina a tu coche, se te va a quedar parado a media calle. Si no te presentas tres semanas en la oficina, te van a correr. Si tomaste alcohol de más, te sentirás mal al día siguiente. Si no hiciste la tarea, seguro no obtendrás buenas calificaciones en la materia.

Las consecuencias, a diferencia de los castigos, sí tienen ilación continua de la acción realizada. Existe una relación directa en el mismo nivel entre la causa y el efecto y la acción y la consecuencia. Son lógicas, coherentes y ocurren como un efecto directo del comportamiento.

Antes de poner una consecuencia ante un berrinche, debemos regular la emoción y rellenar la batería. Al igual que los límites, cuanto más chiquitos son, las consecuencias son más pequeñas. Conforme van creciendo y sus acciones se vuelven más complejas, las consecuencias también lo serán. La consecuencia no es la misma para un niño de 12 meses que para uno de cinco años.

El propósito de las consecuencias es responsabilizar a tu hijo de sus acciones y que aprenda que tiene la capacidad de reparar las situaciones. Y, contrario a lo que muchas personas creen, el sufrimiento no es requisito para que el niño aprenda y para que las consecuencias funcionen. Opuesto a los castigos, donde el niño "tiene que sufrir y tiene que acordarse", aquí no es necesario que le duela o que sufra.

Jacobo, cuando acaba de comer, lo que más le gusta es aventar todo lo que queda en el plato. Si termina, y sus papás siguen platicando sin prestarle mucha atención, agarra la comida, voltea a ver a mamá y mientras ella le dice que "no", la avienta contra el piso.

Desesperada, su mamá no sabe qué hacer. Ya lo regañó, ya le gritó y no le ha funcionado. Yo le recomendé que ponga a Jacobo a limpiar la comida después de aventarla, ¿y sabes qué paso? Jacobo amaba agarrar el trapeador y limpiar la comida.

Su mamá me llama:

—Esta consecuencia no funcionó. Jacobo lo sigue haciendo y aparte disfruta la consecuencia. Por favor, dame otra opción.

—Está bien. Muchas veces las consecuencias de la vida no duelen. Muchas veces son de flojera. Muchas veces solo nos quitan tiempo o no nos gustan tanto. No necesariamente involucran sentimientos negativos, desagradables o de sufrimiento.

Unos días después, Jacobo, harto de limpiar, hizo un berrinche cuando su mamá le pidió que volviera a limpiar el desastre, y ella, siguiendo mis consejos, lo reguló. Le explicó todo e hizo que acabara de cumplir la consecuencia y limpiar. ¿Sabes qué pasó? Ahora sí dejó de tirar la comida.

Este es un claro ejemplo de que una consecuencia funciona. Probablemente al principio a tu hijo no le molestará o le encantará la consecuencia que le estás poniendo, pero va a llegar un punto en el que se va a aburrir o a desesperar. Acompáñalo siempre a cumplirlas.

Existen dos tipos de consecuencias: las naturales y las lógicas.

Consecuencias naturales

Son aquellas que se producen sin que el cuidador intervenga; suceden por sí solas y tú no tienes que hacer nada más que dejar que pasen. Por ejemplo,

> Felipe odia ponerse el suéter y en el parque hace mucho frío. Su papá, al verlo, le dice: "Felipe, si no te pones el suéter te vas a enfriar y te puede enfermar. Pero tú decides, es tu elección".

Claramente Felipe busca la gratificación inmediata y sigue jugando, porque piensa que es incómodo ponerse el suéter, pero elige sabiendo que tiene dos opciones: o se pone el suéter o se enfría y enferma. Esto es una consecuencia natural, donde hay un efecto para la causa.

Felipe no se pone el suéter ➡ Consecuencia ➡ Felipe se enfría y enferma

Si te fijas, su papá no tuvo que "meter mano" para que esto sucediera. Sé que como padres odiamos ver sufrir a nuestros hijos y hacemos todo lo posible para evitarlo. Pero es muy importante que no frenes la consecuencia natural, ya que le estás haciendo un disfavor y no estás permitiendo que aprenda qué pasa cuando él actúa de tal manera o cuando decide tal cosa.

Los niños tienen que vivir consecuencias sencillas y pequeñas para entender que todo acto tiene una consecuencia y ellos puedan asumir la responsabilidad que les corresponde. Es probable que la próxima vez que Felipe tenga frío y su papá le diga que se ponga el suéter, se acuerde del día en que se enfermó y se lo ponga.

Es importante evitar engrandecerse ante este tipo de consecuencias. Jamás debes decirle: "Te lo dije, sabía que te ibas a enfermar, yo tenía razón". Recuerda que no es una competencia y mucho menos una lucha de poder. Lo que sí puedes hacer es ser empático, cuidarlo, acompañarlo en su sufrimiento, contenerlo, apapacharlo y explicarle qué sucedió, aprovechando esta oportunidad como un gran aprendizaje.

Veamos otra consecuencia natural.

Carlota odia con todas sus fuerzas lavarse los dientes, todos los días es una lucha con su mamá. Cuando fue al dentista, resultó que tenía muchas caries. La pobre Carlota estuvo adolorida y la pasó pésimo en el consultorio.

Después de su experiencia, cada vez que no se quiere lavar los dientes, su mamá le dice: "Carlota, acuérdate de cuánto te dolió cuando te taparon las caries por no lavarte los dientes". Y en ese momento Carlota tiene dos alternativas: lavarse los dientes y evitar el sufrimiento futuro, o no lavarse los dientes y pasar nuevamente por el mismo proceso. Definitivamente esta es una consecuencia natural, aunque, a diferencia del caso de Felipe, no es una consecuencia inmediata. De hecho, a veces, estas consecuencias aparecen con el tiempo.

Te dejo otro ejemplo:

Charlie le dice a su hijo: "Si no aprendes a nadar, te ahogas". La verdad es que la consecuencia natural en este caso puede ser muy lejana o nunca pasar (esperemos), porque depende de cuando vayan a una alberca. El niño no va a entenderla tan bien, así que es probable que tengamos que utilizar una consecuencia lógica en este tipo de casos y "meter mano" como papás.

Consecuencias lógicas

En estas consecuencias sí existe intervención o planeación específica por parte de los papás. Pero aquí hay que tener mucho cuidado, porque muchas veces puede confundirse con castigo o creemos que es una consecuencia, cuando en verdad es un castigo disfrazado de consecuencia.

Para que las consecuencias sean lógicas y no castigos tienen que:

- Estar relacionadas *inmediatamente* con la conducta. "Si tiraste la comida, te retiro el plato", "No recogiste los juguetes, entonces no están donde tú quieres al día siguiente", "Si no te lavas los dientes no puedes comer dulces en todo el día". Fíjate cómo se relaciona con la conducta, cómo tiene ilación.
- Buscar el *aprendizaje*. Los castigos son solamente punitivos, los niños no aprenden.
- Ser *respetuosos* con los niños, considerándolos a ellos. No buscamos que se sientan mal.
- Dejar que el niño *la asuma*. Evita sobreprotegerlo resolviéndola o evitándosela.
- Son *proporcionadas* a la acción cometida. "Rompiste las hojas de tu libro; si quieres leerlo, tienes que pegarlas".
- Están basadas en la coherencia y el *sentido común*, para que tanto nosotros como ellos las cumplan.

Marina le explica a Rocío que la consecuencia de tirar la comida al piso es que se le retira el plato, y a la niña, mientras disfruta su juego, no le interesa parar, así que Marina cumple su palabra y le quita el plato. Rocío se enoja muchísimo y empieza a hacer un berrinche aventando el vaso y dando manotazos a la mesa. Marina, tranquilamente, le dice: "Rocío, te entiendo. Yo también me enojaría. Pero tú decidiste tirarlo y la consecuencia fue que se te retiró el plato. Aquí estoy contigo".

Eso es completamente distinto a aventar la comida y que Marina le hubiera dado un manazo o la mandara a su cuarto. Aquí la acompañó y le hizo saber que, hiciera lo que hiciera, estaría con ella; se lo explicó y además le rellenó su batería. Rocío pasó de poder llegar a sentirse víctima por el castigo a sentirse responsable de su acción.

Aquí es muy importante recalcar que *el vínculo nunca es una consecuencia*, porque necesitas demostrarle que vas a estar presente en todo momento, independientemente de cómo se comporte o de lo que haga. No estás poniéndote a ti ni a tu amor hacia él como condición. El vínculo entre padres e hijos es lo más preciado y valioso para los niños, y jamás se debe poner en riesgo por nada en el mundo, mucho menos por una emoción desagradable o un mal comportamiento.

Al día siguiente, Marina, antes de darle su plato, le recordó a Rocío lo que había pasado el día anterior. Y le recordó la consecuencia de su acto. ¿Te acuerdas de la repetición? Es muy importante que les repitamos a los niños las consecuencias y los prevengamos para que sepan qué esperar. Esto no significa que, si le pongo una consecuencia y le anticipo, vaya a cumplir el límite. Posiblemente la misma situación se repetirá en varias ocasiones más y será necesaria más maduración del niño para que logre entenderla. Y aunque la comprenda no lo va a conseguir siempre, dependerá mucho de su disposición en el momento.

Para que las consecuencias funcionen:

- Hay que conectar con ellos primero
- Hay que explicárselas y que las tengan presente
- Hay que ponerlas con cariño y firmeza
- Hay que anticiparlas
- Hay que ser constantes y no ceder

C. PASOS A SEGUIR

Para resumir todo este tema, te voy a dar los cuatro pasos que debes seguir para regular efectivamente un berrinche, usando la crianza emocional.

Paso 1. Regúlate a ti

Ya sabes que debes empezar por ti. No hay manera de que logres regular a tu hijo si tú no lo consigues. Debes estar bien, regalarte tus propios espacios, tu tiempo, tener equilibrio emocional, y hasta que conquistes esto estarás listo para ayudar a tu hijo a regularse.

Si tú no estás regulado tu cerebro se encuentra estresado, reaccionas en vez de responder, te bloqueas y no puedes pensar bien, te sientes abrumado y probablemente vas a reaccionar de una manera irrespetuosa en contra de tu hijo.

Si nosotros estamos bien, nuestros hijos van a estar bien. Si yo soy la calma, voy a poder apagar la tormenta de mi hijo.

Paso 2. Regula a tu hijo

Cuando estés regulado es momento de que lo ayudes a regularse. Acuérdate de que para lograrlo te necesita.

Tu objetivo es apagar todo el fuego, todo el incendio que hay en su cerebro. No se te olvide que aquí todavía no hay que reflexionar con él. "No negociamos con terroristas", y por eso esperamos a que su amígdala se apague.

Hay muchas maneras de que logre regularse: descargar su enojo, respirar, contar hasta diez, brincando, pegarle a un cojín, llorar, hacer puños, romper periódico, aplastar masita o plastilina, gritar, entre otras.

El objetivo es apagar el fuego que hay dentro de su cerebro, para que deje de estar en modo alerta y así pueda pasar de la reactividad a la receptividad.

¿Cómo hacer esto? Siempre acompañándolo. En este momento *no* lo toques ni trates de abrazarlo, ya que, como está enojado, no lo va a permitir y se va a enfadar aún más. Siéntate cerca, acompáñalo con tu voz, tradúcele su emoción: "Veo que estás enojado", "Veo que estás celoso". No es el momento de darle explicaciones, solamente es estar ahí empáticamente a su lado.

Paso 3. Rellena su batería emocional

No me canso de decirlo, porque es lo más importante: tu hijo necesita sentirse conectado contigo. Tenemos la creencia errónea de que cuando nuestros hijos se portan mal no se merecen nuestro amor. OJO, nuestros hijos se merecen nuestro amor, afecto, cariño y apapacho, se porten como se porten. Debemos dejar de castigar nuestro afecto cuando tienen un mal comportamiento. Acuérdate que *cuanto peor se porte, es porque más te necesita.*

Acércate y rellena su batería, aunque no estés de acuerdo con su comportamiento. Después le pones consecuencias y hablas con él, pero siempre mantén la conexión y el vínculo entre ustedes dos.

Rellena su batería para que la emoción intensa empiece a bajar y la conexión contigo a subir. Checa en el capítulo cinco cómo puedes rellenarle su batería de una manera eficiente.

Paso 4. Reflexiona y enseña

En medio del berrinche es imposible que reflexione acerca de lo que hizo, ya que su cerebro está secuestrado por la amígdala y se encuentra ocupado en apagar el fuego para que el cortisol no afecte su arquitectura cerebral. Pero una vez que reguló su emoción, rellenaste su batería y está tranquilo, puedes buscar el momento para platicar con él sobre lo que sucedió. Aprovecha ese momento para enseñarle qué emoción sintió y reflexionar junto con él sobre la manera en la que reaccionó y actuó. Es la oportunidad perfecta para que conozca sus emociones, para reparar si es que hizo algún daño y para trabajar en su crianza emocional. Aquí puedes determinar cuál va a ser la consecuencia de su acción.

Te recomiendo que cuanto más pequeño sea tu bebé, la reflexión sea lo más próxima posible a la acción. Cuando es un poco más grande, te puedes esperar un poco más y hacerlo después. Es muy importante en ese momento hablar sobre sus emociones, ya que queremos enseñarle qué sintió, dónde lo sintió, de qué color era la emoción y en qué otros momentos se ha sentido así. Una de las bases de la crianza emocional es la educación emocional y este momento es ideal para esto. Aprovecha y dale alternativas a su comportamiento. Ayúdalo a encontrar opciones a sus acciones y comportamientos, no a sus emociones. Los cuentos que hablan sobre emociones son grandes herramientas en las que puedes apoyarte.

Tips para la reflexión

▶ Tú tienes que estar listo, sin enojo, impaciencia o frustración

- ► Él tiene que estar listo, tranquilo, sin estrés ni cansancio

- ► Conecta con él antes

- ► Hazlo en un lugar tranquilo, sin estímulos ni distracciones

- ► Si no te ve a los ojos, no lo obligues; te está escuchando

- ► No te atribuyas su comportamiento, no lo hace para molestarte

- ► Apóyate en materiales que hablen de las emociones; los cuentos y libros son una gran opción

- ► Ten una actitud de apoyo, no de juicio y culpabilidad

- ► No pierdas de vista que el objetivo es enseñarle

11

Los 10 beneficios de la crianza emocional

No puedes enseñarle a un niño a portarse bien haciéndolo sentir mal. Cuando un niño se siente bien, se porta bien.

PAM LEO

Mientras asesoraba a Danielle en línea, Xaviera, su hija de siete años, abrió la puerta de la habitación y le dijo:

—Mamá, mamá.

—Xavi, estoy hablando con alguien. Ahorita salgo. Dame media hora.

Xaviera cerró la puerta y a los 3 minutos regresó, pero esta vez no se quedó en la puerta; entró, se sentó en las piernas de Danielle y la abrazó.

—Mamá, ¿a qué hora acabas? ¿Vamos a ver la película o no?

Danielle le dijo que me saludara y ambas nos saludamos. Luego agregó:

—Espérame media hora y ahorita salimos a ver la película.

Le dio un beso y Xaviera se fue.

¿Tú crees que Xaviera volvió a entrar? Pues no. Danielle logró rellenar su batería abrazándola. De esa forma, Xaviera pudo aguantar media hora, ya que había tocado base con su mamá.

"Infancia es destino", ¿has escuchado esta frase alguna vez?

No estoy tan de acuerdo con esto, ya que soy de la idea de que si tuviste una mala infancia cuentas con muchas oportunidades de repararlas en tu adultez. Y sí, probablemente sea difícil y necesites de personas que te ayuden, pero definitivamente no creo que infancia sea destino. Si te quedas con la idea de que tuviste una mala infancia, ya no hay nada que reparar, porque te vuelves víctima de tus propias circunstancias y no te haces responsable de lo que te toca.

Acepta que tus padres hicieron lo que pudieron con lo que tuvieron, y tú vas a hacer con tus hijos lo mismo. Tus papás actuaron desde el amor, pensando que era lo mejor para ti, y así tú lo harás por tus hijos. Como adultos tenemos la capacidad de responsabilizarnos de nuestra infancia y cambiar el estilo de crianza que usaron nuestros padres.

Las investigaciones señalan que la infancia, principalmente la primera infancia, es la etapa primordial que marca muchas pautas de la vida adulta, entre ellas, la salud mental. No quiero asustarte, pero es importante que entendamos nuestro papel como padres y nos responsabilicemos con nuestros hijos.

Los acontecimientos de la niñez tienen un gran impacto en nuestra personalidad, en nuestra manera de ver el mundo, de sentir bienestar, de formar y fomentar buenas relaciones, de confiar en nosotros y en los demás, de relacionarnos con otras personas, de sentirnos seguros de nosotros mismos y de poder regular, reconocer y validar nuestras emociones.

El estilo de crianza parental tiene un efecto significativo en la vida del niño, ya que en sus primeros años se forma la mayor parte de las conexiones neuronales de su cerebro, así que con la crianza estás literalmente moldeando y esculpiendo el cerebro de tu hijo. Eres el cocreador de lo que será en su adolescencia y adultez.

Sabiendo que es tan importante criar a tu hijo de la mejor manera, respondiendo efectiva y amorosamente a sus necesidades, te comparto los 10 beneficios de la crianza emocional. Espero que estés de acuerdo con que esta crianza es la mejor manera para que tu hijo crezca en armonía y equilibrio, conectado, con seguridad y, principalmente, confiando en el mundo que lo rodea.

Los 10 beneficios de la crianza emocional

1. Conoce sus emociones. Como te comenté, somos unos analfabetas emocionales. No tenemos ni idea de qué sentimos, dónde lo sentimos, cómo lo sentimos, ni mucho menos sabemos qué hacer con todas estas emociones, principalmente cuando son desagradables e intensas.

De niños, cuando sentíamos una emoción desagradable, nuestros padres no nos dejaban expresarla, nos decían expresiones como: "No es para tanto", "No exageres", "No te puedes sentir así". Y hay quienes seguro recordarán una nalgada, un pellizco o gritos, como formas de frenar o minimizar esa emoción. O: "Mira, mira, mira un avión", a modo de distracción o "Yo no hablo con niños llorones", que es una manera de ignorarlo; también nos decían: "Porque lo digo yo, yo soy el adulto" para reprimirla. Seguramente tus papás aplicaron al menos alguno de estos métodos para que dejaras de manifestar esa emoción incómoda para ellos.

Entonces, para hacer las cosas diferentes con nuestros hijos, debemos trabajar en nuestras emociones, ya que no podemos dar aquello que no tenemos. *Para ayudar a tu hijo a que conozca sus emociones, debes conocer las tuyas primero.*

¿Te acuerdas de las neuronas espejo? Cuando tu hijo llora por frustración, tus neuronas espejo se conectan con las suyas, y en el fondo logras sentir tu propia frustración dentro de ti. Pero como a ti nunca te dieron espacio para sentirla y te la reprimieron, al verlo a él llorar quieres hacer lo mismo: refrenar su emoción y sacarlo de ahí lo antes posible.

Si tu hijo llora, quieres desterrar esa frustración, porque sientes esa emoción profundamente guardada en ti. Lo distraes, lo ignoras, reprimes su emoción o lo que sea necesario, porque no tienes herramientas para lidiar con tu propia emoción. Así que cuando tu hijo exprese esa emoción debes respirar, soportar su emoción y ayudarlo a que la reconozca. De esta manera le estás proporcionando herramientas para poder regularla.

Cada emoción tiene un nombre y un lugar en el cuerpo donde se siente. Primero valida sus emociones, tanto las agradables como las desagradables. Después, nombra la emoción que tú ves que está sintiendo: "Veo que estás celosa de tu hermanita", "Veo que estás enojado porque no te dejé aventar tus juguetes", "Veo que quieres que te ponga atención". Cuando pase la emoción y esté regulado, en el momento de la reflexión te recomiendo ayudarlo a reconocer dónde se siente en su cuerpo y cuáles son sus sensaciones corporales.

Poco a poco se va a volver un experto en sus propias emociones, las reconocerá cuando las sienta y tendrá herramientas para regularlas, lo que me lleva al siguiente punto.

2. Tiene herramientas para regular sus emociones. Cuando crías utilizando la crianza emocional, no solo le estás platicando a tu hijo sobre sus emociones, sino que también le enseñas cómo regularlas. Las emociones no se manejan distrayéndolas, reprimiéndolas, minimizándolas, frenándolas o ignorándolas. ¡No! Las emociones se tienen que sentir y deben descargarse de una manera asertiva.

Tu bebé viene al mundo con su cajita de herramientas vacía y, conforme va creciendo, le vas proporcionando los instrumentos adecuados para que vaya llenando esta cajita, con el objetivo de que se convierta en un adulto regulado, empático, compasivo y con la capacidad de lidiar con todas sus emociones, sean agradables o no.

3. Tiene seguridad y confianza en él y en los demás. Para que tu hijo pueda ser un adulto seguro y con confianza en sí mismo y en los demás, primero necesita haber sentido seguridad y confianza en ti, como madre o padre. Así que, si desde que nace tu bebé, atiendes sus necesidades y sus malestares, confiará en ti. Poco a poco, el círculo de confianza se va fortaleciendo y va creciendo durante toda su vida. Entonces, esa confianza que sintió con sus cuidadores primarios la trasladará a sus cuidadores secundarios y al mundo. Cuando entre a preescolar confiará en sus maestros, en primaria en sus amigos y así continuará confiando en los demás, en su pareja y en el mundo.

Cuando tu hijo confía en ti, internaliza ese sentimiento y también la sensación de seguridad; el resultado será un adulto que confía en él y en los demás y, por ende, será seguro de sí mismo.

> ❝ Todo niño debería poder saber que el lugar más seguro donde estar cuando se siente triste, enojado, asustado o ha cometido un error es con sus padres. ❞
>
> ANÓNIMO

4. Tiene una autoimagen sana, un autoconcepto positivo y una autoestima alta. Si te preguntara de entre todas las cosas que podrías darle a tu hijo, ¿cuáles escogerías? Estoy segura de que serían una autoimagen sana, un autoconcepto positivo y una autoestima alta.

La autoimagen es la percepción que tenemos de nosotros mismos. Esta se forma dependiendo de cómo nuestros padres nos veían. Si ante sus ojos somos niños amados, suficientes y merecedores de amor, esa es la autoimagen sana que tendremos de adultos. Por el otro lado, si nos sobreprotegieron y nos hicieron sentir como lo más especial del mundo y que nadie nos merecía, así será nuestra autoimagen adulta.

Los niños empiezan a verse a sí mismos a través de los ojos de sus padres. La autoimagen que van desarrollando depende de la manera en que sus padres los vieron.

El autoconcepto es lo que pensamos de nosotros mismos. Aquí entra nuestra voz interna y la manera en que nos hablamos, nos exigimos, nos juzgamos y nos referimos a nosotros mismos.

Aquí también desempeñan nuestros padres un gran rol, ya que el modo en que nos hablaron se convirtió en nuestra voz interna. Hay que cuidar lo que les decimos, porque se va directo a su cerebro y se instala ahí.

La autoestima es el valor que le damos a nuestra autoimagen, cómo nos vemos y qué pensamos sobre nosotros mismos. Queremos que nuestros hijos tengan una autoestima alta, pero real.

En esencia, los tres son: cómo me veo, qué pienso de mí y el valor que le pongo a eso.

La manera en la que nos vemos a nosotros mismos está determinada por la forma en que nos vieron nuestros cuidadores principales. Por ejemplo, si durante la infancia tu familia valoraba la inteligencia por encima de lo demás, y a ti te consideraban tonto, tu autoconcepto va a ser "soy tonto", pero si en tu familia se valoraba más el físico y te hicieron sentir que no eras lo suficientemente guapo, tu autoimagen será "soy feo". En los dos casos considerarás que no eres suficiente. Pero, por otro lado, si tus papás te aceptan tal y como eres, si eres extrovertido o introvertido, feo o guapo, inteligente o no inteligente, temperamental o tranquilo, ruidoso o silencioso, el mensaje que recibes es que está bien como eres y te aman sin condiciones. Interiorizas esa sensación, ese aprendizaje y esas palabras las haces tuyas y las llevas contigo para toda la vida.

> ❝ La forma en que le hablamos a nuestros hijos se convierte en su voz interna. ❞
>
> PEGGY O'MARA

La voz de los padres se vuelve la voz interna de sus hijos, ya sea consciente o inconscientemente, así que imagina la relevancia que tiene en tu hijo si lo aceptas tal como es y cuidas las palabras que usas. Con esto no me refiero a que lo enaltezcas y lo elogies por todo, simplemente aludo a que lo hagas sentir amado, en confianza y que, sea como sea, es suficiente para ti, a fin de que se sienta aceptado en su totalidad. No hay amor más grande que dejar ser al otro tal como es y no querer cambiarlo.

5. Tiene buenas relaciones. El primer modelo de relación en nuestra vida son nuestros padres. Ellos modelan nuestras relaciones, mostrándonos cómo son. Si la relación con tu hijo se basa en el condicionamiento, se sentirá obligado a hacer cosas para agradarte, trabajar para ganarse tu amor y ser la persona que tú quieres que sea, con tal de ser aceptado; y eso es lo que buscará en el futuro: relaciones tóxicas en las que el amor es condicionado y no puede ser él mismo. Pero si su relación se basa en empatía, respeto, compasión, amor incondicional y no depende de su comportamiento, el resultado será una relación cimentada en la confianza y la seguridad, sin condicionamientos; más adelante en su adultez buscará este tipo de relaciones en una pareja y en los demás, y será el mismo modelo de relación que repetirá con sus propios hijos. Entonces pregúntate: ¿qué tipo de relación quiero que desarrolle mi hijo? Creo que ya conocemos la respuesta y esto se logra trabajando en tener una sana relación con él.

6. Es respetuoso y empático. Los papás siempre esperan y exigen que sus hijos sean respetuosos con los demás, que no peguen, que no pateen y que no griten. Pero un niño solo puede ser respetuoso en la medida en la que sea respetado. ¿Y por quién debe ser respetado? Por ti y por sus cuidadores principales. Él mágicamente no va a respetar si nunca ha sentido lo que es el respeto. Cuando los respetamos les enseñamos a respetarse a ellos mismos, a sus emociones, a su cuerpo, a su manera de ser y de expresarse.

La empatía funciona del mismo modo. Si durante su infancia validas sus emociones, lo acompañas a sentirlas y eres empático con él, su corteza prefrontal, que es donde vive la empatía, se desarrolla de una mejor manera. Por otro lado, si le pegas cada vez que él pega, no eres empático con él ni con sus emociones, no puedes esperar que él sea empático con su hermano y le deje de pegar.

Un adulto empático se conduce de esa forma porque así fueron con él durante su infancia.

7. Es asertivo. Hoy en día se escucha mucho el término "asertividad", pero ¿qué es? Es el buen uso de las herramientas sociales, saber expresarnos, lidiar con nuestras emociones y entender cómo descargarlas en un lugar seguro y con personas confiables.

Cuando implementas la crianza emocional le reflejas a tu hijo sus emociones por medio de la comunicación. "Estás enojado, frustrado, te sientes triste, estás celoso", son formas de verbalizar cómo se siente, validarlo, que reconozca esa emoción y que aprenda a comunicarla de una manera asertiva. De esta manera, cuando sea adulto, será capaz de expresar malestar con su pareja sin explotar ni gritar, ya que contará con las herramientas para resolver problemas eficientemente y descargará su enojo asertivamente, sin lastimar al otro y logrará verbalizar sus pensamientos y emociones. Y esto da como resultado relaciones personales positivas, donde esté permitido el reconocimiento y la manifestación de todas las emociones.

8. Es feliz. Esta idea está de moda, se escucha por todos lados y existen muchas personas que dan consejos de cómo ser feliz.

La clase más popular en la Universidad de Harvard es la del maestro Tal Ben Shahar, quien enseña a ser más feliz. ¡Sí, tal como estás leyendo! Es tan importante que hasta investigadores han volteado la mirada para ver qué existe detrás de la felicidad y cómo alcanzarla.

La felicidad es la sensación de bienestar que sentimos en un determinado momento, y no es una meta a la que tenemos que llegar: "Si gano más dinero seré más feliz", "Si logro tener este trabajo seré más feliz", "Si tengo esposo seré feliz". No funciona así.

Martin Seligman, el padre de la psicología positiva, descubrió que existen varias características que diferencian a una persona feliz de las demás, y me quiero enfocar principalmente en una: relaciones positivas, íntimas y sólidas.

Esto no significa que son relaciones perfectas ni relaciones en las que no hay preocupación, conflictos o problemas. Recuerda que los humanos somos seres sociales;

desde que nacemos estamos programados para vincular-
nos con otros, y de infantes es con nuestros papás y después con nuestros pares.

¿Cómo te gustaría que fuera tu relación de pareja? ¿Una
relación en la que tu pareja hablara contigo de sus problemas, te reconfortara cuando estuvieras triste, fuera empática contigo, te impulsara a ser mejor persona y te apoyara?
¿O una relación donde te regañara, te pegara cuando hi-
cieras mal las cosas, condicionara tu amor y te obligara a
obedecerle? Claramente te gustaría el primer caso. Si es así,
¿por qué nos empeñamos en tener una relación con nuestros hijos como la del segundo ejemplo?

Si eres empático y compasivo, le ayudas a regular sus
emociones; si lo respetas, estás sembrando en él una base
segura que le permitirá ser feliz y tener bienestar en su vida.

9. Tiene tolerancia a la frustración. Vivimos en un mundo que
va a toda velocidad, no se detiene y ya no tenemos paciencia
ni para ver quince segundos de una historia en Instagram.
Vivimos en un mundo donde todo lo queremos para ayer,
en el que todo es desechable y existe muy poca tolerancia a
la frustración. Este es uno de los principales motivos de consulta de los padres. Es una gran preocupación que estamos
viendo en nuestros hijos (y en nosotros) hoy en día.

Todos quieren que sus hijos sean tolerantes a la frustración y que sean pacientes. Como todo en la crianza, necesitas empezar observándote a ti. ¿Qué tan paciente eres tú?
¿Qué tan paciente eres al esperar el elevador? ¿Qué tan
paciente eres cuando te toca tráfico cuando conduces? Seguramente no eres muy paciente y te frustras fácilmente.
Entonces, ¿cómo puedes esperar que tu hijo sea paciente
y tolerante si tú no lo eres? Para ayudar a tu hijo tienes dos
cosas que hacer: encontrar la paz, la calma y la paciencia,
y después enseñarle a tu hijo esa paciencia. Puede ser muy

difícil, porque tu hijo se frustra por agentes externos que no puede controlar y por agentes internos que se producen cuando no logra una meta o falla. Si es complicado para ti que tienes el cien por ciento de tu cerebro desarrollado, imagínate qué difícil es para él que apenas está desarrollándose. Es normal, común y esperado que niños en su primera infancia se frustren y no toleren la frustración.

Recuerda que los niños chiquitos necesitan saber lidiar con frustraciones chiquitas, para que cuando sean grandes puedan tolerar las grandes. Y aquí es donde los límites son importantes, porque cuando eres muy permisivo y complaciente no le estás ayudando a que aprenda a tolerar la frustración. Estamos criando una generación con muy baja tolerancia a ella y es necesario que cambiemos este asunto.

El otro día compartí un meme en redes sociales que decía: "Yo, cuando mi hija me pide una cartulina a las 11 de la noche tengo un cajón lleno de cartulinas, porque no quiero que ella sufra como sufrí yo". Y pregunté: "¿qué opinan? ¿Están de acuerdo o no? ¿Son papás que tienen el cajón lleno de cartulinas o son estos papás que van a responsabilizar a su hijo para que organice sus útiles desde antes?".

La mayoría de los papás me contestaron que responsabilizarían a su hijo, porque a las 11 de la noche no hay nada abierto. Pero lo cierto es que, cuando les pregunté más, encontré que la mayoría de ellos, aunque dijeron que responsabilizan a sus hijos, terminan resolviéndoles todo.

Debemos tener cuidado con estas situaciones, porque estos niños no son tolerantes, ya que saben que sus padres les solucionan todo, porque practican una crianza permisiva.

Un ejemplo bastante común es que, en las prisas cotidianas, las mamás les abrochan las agujetas a sus hijos porque no tienen tiempo para esperar a que se las amarren solos, y ese es un gran error. Si no tienes paciencia ni le das tiempo para lograr una habilidad por sí solo, nunca va a aprender a hacerlo. Tú mismo te frustras antes que él. Sé que muchas veces no hay tiempo para que se amarre las agujetas y se tarda mucho, pero busca un espacio el sábado en la mañana para que aprenda a amarrarse los zapatos o se vista. Esto con el objetivo de que se enseñe a ser autónomo.

La crianza emocional trabaja la frustración y la tolerancia. Se enfoca en que el niño sienta la frustración, la reconozca, la nombre y utilice herramientas para tolerarla.

Antes de los seis años no puedes esperar que tu hijo tolere la frustración, porque su capacidad cerebral no se lo permite todavía, pero esto no significa que vamos a quitarle todas las frustraciones. Puedes ir enseñándole a tolerar pequeñas dosis de frustración, con el objetivo de que la tolerancia sea una herramienta más en su cajita.

10. Es más inteligente y aprende mejor. No me refiero a que automáticamente tu hijo va a ser un genio, pero sí será una persona con mayor facilidad para aprender y lo va a disfrutar.

Cuando el cerebro se encuentra en calma, sin estrés y sin preocupaciones, aprende mejor, está en exploración. Y podemos verlo nosotros como adultos. Si estás preocupado por si tu pareja va a llegar a la casa o no, ¿te puedes concentrar en tu trabajo? Claro que no, y esto es porque tu cerebro se llena de estrés, de cortisol; está ocupado en apagar este fuego y no tiene la capacidad para atender otras cosas no tan importantes en ese instante, como es el trabajo.

De la misma manera funciona el cerebro de tu hijo. Si va triste al colegio porque lo regañaste, preocupado porque te enojaste o nervioso porque no sabe si vas a llegar por él, su cerebro estará lleno de cortisol y no podrá concentrarse ni aprender. Ocurre lo mismo si lo dejas en el colegio con la batería vacía. No va a jugar ni se relacionará, porque su cerebro no tiene espacio para eso; su principal objetivo es disminuir la cantidad de cortisol para sobrevivir. Tu hijo no puede concentrarse si tiene una preocupación en su cabeza. Es por esto que *niños seguros emocionalmente aprenden mejor* y por ende son más inteligentes.

Estudios relacionados con el apego y la inteligencia han arrojado resultados muy interesantes: un niño con apego seguro con sus cuidadores tiene un mayor coeficiente intelectual y mayor capacidad para el aprendizaje.

Son muchos los beneficios de una crianza emocional, y para complementarla, te recomiendo que seas consciente de la etapa de desarrollo de tu hijo y que lo entiendas, pero que le pongas límites de acuerdo con su edad. Enséñaselos, repítelos y ayúdalo a cumplirlos. Son muchos los papás que les exigen cosas a sus hijos cuando aún no están listos para afrontarlas y otros que les solucionan las situaciones que ya pueden lograr por sí solos.

Parte de la crianza es hacer las paces con el hecho de que no eres perfecto, vas a cometer errores y no siempre lo harás de la manera que te gustaría. No seas tan duro contigo mismo, ¡date chance!

La crianza emocional se basa en mantener los canales de comunicación abiertos, asumiendo que el adulto es el responsable de esto. En mi consulta son muchos los papás que me comentan: "Es que mi hijo no me cuenta nada", y en ese momento los llevo a reflexionar sobre la manera en la que ellos se acercan a sus hijos. Ten presente que debes construir ese puente dependiendo de la etapa de desarrollo en la que se encuentre. Si es chiquito, te acercas a él mediante el juego; pero a medida que vaya creciendo debes fortalecer la relación con base en sus gustos, sus amigos y sus intereses.

Espero que con este capítulo estés convencido de la crianza que quieres llevar a cabo con tus hijos y tengas las herramientas suficientes para empezar desde hoy.

CONCLUSIONES

Muchas veces queremos hacer las cosas de manera diferente con nuestros hijos y nos sentimos nadando a contracorriente, pues nos enfrentamos a un mundo que nos quiere regresar a las viejas andanzas, a las creencias pasadas y a paradigmas preexistentes que nos impiden llevar a cabo nuestro propósito.

Te invito a construir un nuevo mundo para tu hijo, el mejor que puedes darle, sabiéndote capaz de romper los esquemas y criarlo con respeto, seguridad, confianza y mucho amor.

Soy consciente de que los resultados no son inmediatos, pero te puedo asegurar que, si eres constante y perseveras, la relación con tu hijo será la mejor que puedas tener.

Velo como una inversión, como un seguro de vida que le compras desde ahorita a tu hijo para su futuro. Por supuesto, es un trabajo diario que te va a costar, por el que vas a tener que luchar en contra de tus propias creencias a cada rato; pero, cuando le agarres la onda, verás cómo esta crianza se traducirá en beneficios para ti y tu familia, principalmente para tu hijo, a quien ayudarás a presentarse ante el mundo mucho más seguro de sí mismo, con muchísima confianza, conociendo sus emociones, sabiendo regularlas y con herramientas para enfrentarse a lo que sea.

Estoy segura de que en este punto ya no eres la misma persona que comenzó la lectura de este libro. Ahora tienes más conocimientos sobre la crianza de tu hijo y cómo puedes criarlo teniendo como base las emociones. Yo ya te di las herramientas, ahora te toca a ti aplicarlas y utilizarlas con tu hijo.

Como última reflexión:

¿Qué padre quieres ser tú?

¿Quién quieres que sea tu hijo?

¿Qué tipo de crianza estás dispuesto
a usar desde hoy?

¡Que el cambio empiece en ti!

**De la crianza conductual
⮕ a la crianza permisiva
⮕ a la crianza emocional.**

**❝ Un día tu hijo cometerá un error o tomará una
mala decisión y acudirá a ti en lugar de huir de ti.
Entonces entenderás el inmenso valor de una
crianza respetuosa, positiva y pacífica. ❞**

L. R. KNOST

LIBROS CONSULTADOS

▶ Álvaro Bilbao, *El cerebro del niño explicado a los padres*, Barcelona: Plataforma editorial, 2015.

▶ Bert Powell, Glen Cooper, Kent Hoffman y Bob Marvin, *La intervención del círculo de seguridad*, Barcelona: Editorial Eleftheria, 2019.

▶ Daniel J. Siegel y Tina Payne Bryson, *Disciplina sin lágrimas*, Barcelona: Vergara, 2015.

▶ Daniel J. Siegel y Tina Payne Bryson, *El cerebro del niño,* Barcelona: Vergara, 2022.

▶ Eva Millet, Hiperpaternidad, Barcelona: Plataforma editorial, 2016.

▶ Gary Champan y Ross Campbell, *Los 5 lenguajes del amor de los niños*, Medley, Florida: Unilit, 2018.

▶ Harvey Karp, *El bebé más feliz*, Madrid: Ediciones palabra, 2015.

▶ Inés di Bártolo, *El apego,* Buenos Aires: Lugar editorial, 2016.

▶ John Bowlby, *La separación*, Ciudad de México: Paidós, 1993.

▶ John Bowlby, *La pérdida*, Ciudad de México: Paidós: 2013.

▶ John Bowlby, *El apego*, Ciudad de México: Paidós, 2015.

▶ Martha Alicia Chávez, *Tu hijo, tu espejo*, Ciudad de México: Grijalbo, 2020.

▶ Míriam Tirado, *Límites*, Madrid: Ediciones Urano, 2022.

▶ Sandra Ramírez, *Sin gritos ni castigos*, [Autoedición], 2016.

▶ Sandra Ramírez, *Crianza con apego: de la teoría a la práctica*, [Autoedición], 2015.

▶ Vidal Schmill, *Disciplina inteligente*, Ciudad de México: Producciones Educación Aplicada, 2020.

AGRADECIMIENTOS

Gracias, Alex Pacheco y todo el equipo de Epicbook por ayudarme a plasmar en palabras todas mis ideas y pensamientos. Este libro no sería realidad sin su ayuda. Estoy emocionada de los próximos proyectos que haremos juntos.

Gracias, Fernanda Álvarez, por las ganas y el apoyo durante todo este proceso.

Gracias, Penguin Random House por la confianza puesta en mí.

Gracias, Julia Borbolla por ese prefacio tan divino y por ser un ejemplo a seguir en la psicología infantil en México.

Gracias, Gaby Fernández por impulsarme a atreverme y por todos los aprendizajes vividos juntas.

Gracias a todos mis maestros, ya que sin ustedes no estaría donde estoy. Soy una afortunada de haber aprendido de los mejores.

Gracias a todos los especialistas que diariamente trabajan por ayudar a criar nuevas generaciones con más consciencia, más respeto y menos agresión.

Gracias a Luciana García y a Marisa Gómez que me resolvieron dudas y ayudaron con diferentes temas de este libro.

Gracias a todas mis amigas, de verdad son el mejor apoyo y la mejor terapia. Son lo más importante que tengo en mi vida.

Gracias a toda mi familia por ser ese sostén y contención. Amo que no necesitemos fechas importantes para celebrar la vida.

Gracias a mis compañeros de vida Danielle, Nathalie y Georgie. Sin ustedes la vida sería la mitad de divertida y lo doble de difícil. No tengo duda de que escogí bien a mi tribu.

Gracias, mamá y papá, sin ustedes no sería lo que soy hoy. Me enseñaron a luchar por mis sueños, a nunca darme por vencida, a ver la vida de una manera positiva y que ningún obstáculo es demasiado grande para no lograrlo. Los amo demasiado.

Gracias a Michelle chiquita por toda su intensidad, pasión y alegría para ver y vivir la vida. Estoy orgullosísima de la mujer en la que te has convertido.

Y, por último, gracias a todas las mamás, papás, educadores y cuidadores que confían en mí diariamente. Gracias por dejarme entrar en la relación más íntima, que es la de ustedes con sus hijos. ¡Lo están haciendo increíble!